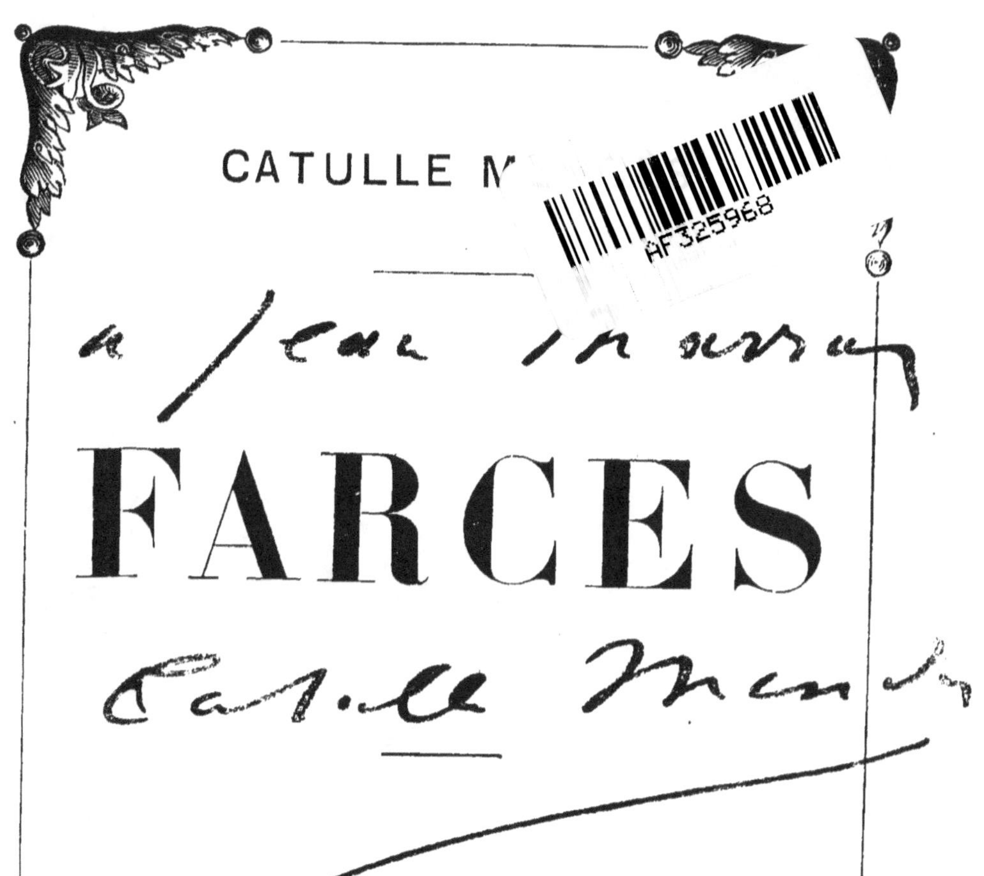

CATULLE M[ENDÈS]

FARCES

PARIS
BIBLIOTHÈQUE-CHARPENTIER
EUGÈNE FASQUELLE, ÉDITEUR
11, RUE DE GRENELLE, 11
—
1899

FARCES

CATULLE MENDÈS

FARCES

BIBLIOTHÈQUE-CHARPENTIER

EUGÈNE FASQUELLE, ÉDITEUR

11, RUE DE GRENELLE, 11

1899

GILLE ET GILLETTE

GILLETTE

Gille !

GILLE

   Gillette !

GILLETTE

     Eh quoi ! Tu revis ?

GILLE

              Tu renais ?

GILLETTE

C'est bien ton museau blanc !

GILLE

         C'est bien ton rose nez !

1

Belle chez qui jadis j'eus le droit de cuissage,
Allons au lit.

GILLETTE

Fi donc! Toujours fou !

GILLE

Toujours sage?

GILLETTE

Toujours... comme autrefois.

GILLE

Ah ! tu m'as rassuré
Allons.

GILLETTE

Non. Baisons-nous seulement.

GILLE

De bon gré.
Sur les yeux. Je commence.

GILLETTE

A mon tour !

GILLE

Sur la joue.

GILLETTE

A mon tour!

GILLE

Sur la lèvre où le rire se joue.

GILLETTE

A mon tour !

GILLE

Dans le col.

GILLETTE

A mon tour !

GILLE

Dans le fond
De l'oreille...

GILLETTE

Arrêtez ! C'est par là que se font
Les enfants !

GILLE

Ange !...Eh bien ! sur la rondeur vermeille.

GILLETTE

Non ! Je ne pourrais pas vous rendre la pareille.
Mais, çà, Gille, causons. Hors du passé lointain
Qui nous amène ici ?

GILLE

L'ordre d'un beau destin !
Je viens, pour le plaisir des gens et pour ma gloire,
Relever les tréteaux illustres de la Foire !
Turlupin, Tabarin, Bruscambille, Pierrot,
Lécheurs de plats, humeurs de vin, voleurs de rôt.
Avec le beau Léandre et Gorgibus qui compte
Des sous, et cet oiseau, l'Isabelle, si prompte
A voleter de corne en corne de cocu,
Je reparais, et mon coup de pied dans le cu

Du Docteur qui répond par une pétarade,
Réveillera tous les grelots de la parade !

GILLETTE

Fort bien ! mais sais-tu point que les temps sont changés ?
Les gens s'offenseront de tes propos légers,
Parfois lourds ! Car Paris a des mœurs très austères.
On n'y voit presque plus de femmes adultères !
Et, tiens, dans cette salle où revivra ton art,
Tu chercherais longtemps sans trouver un cornard.
Voyons. Fais-en l'épreuve. Allons, lorgne, examine.

GILLE

Ce vieux monsieur, là-bas ?

GILLETTE

    Il n'en a que la mine.

GILLE

Son voisin ? Sur son front chauve et rose qui luit
Deux bosses...

GILLETTE

   C'est un jeu du gaz.

GILLE

      Alors, la nuit,
Jusqu'à l'heure où les feux du matin se reforment,
Que font donc, à Paris, les dames ?

GILLETTE

       Elles dorment !
Et devant ce public étonnant de vertu
La parade oserait... ah ! Gille, y penses-tu ?

GILLE

Le rire est bon, le rire est sain, le rire est chaste !
C'est le noir spleen et non la gaîté qui dévaste
Les âmes ! Propos gras, clystères, horions
Au bas des reins, les grands crimes, si nous rions !
Puis, contre les censeurs, je sais une ressource.

GILLETTE

Eh ! laquelle ?

GILLE

　　Toi.

GILLETTE

　Moi ?

GILLE

　　　　Comme près de la source
L'abeille, vous volez, légère ! Vous mettrez
Les pudeurs de la grâce aux mots les plus outrés.
Votre charme absoudra la farce ! C'est la chose
Sûre qu'on ne voit pas la boue où vit la rose.
Un vil couplet chanté par un moineau siffleur
Devient ramage ; on sent le parfum d'une fleur
Même au fumier lorsqu'y tomba la clématite !
Il n'est pas de gros mots si la bouche est petite.

GILLETTE

Tu m'as persuadée en me flattant, sournois,
Et j'affronte avec vous les tréteaux où ma voix
A vos rudes lardons mêlera des bruits d'ailes.
(Au public.)
Mesdames et Messieurs, sitôt que les chandelles
S'allumeront, soyez cléments et sans courroux,

Bénins ! Faites cela pour vous, sinon pour nous.
Car, après le dîner qu'un cuisinier habile
Apprêta, c'est malsain de s'échauffer la bile,
Messieurs, et l'allégresse heureuse met au cœur
Comme une bienfaisante et divine liqueur.
Quant à vous dont les yeux versent toutes les flammes
Et dont la lèvre est un printemps fleuri, Mesdames,
Si vous riez bien fort à nos jeux imprudents,
On verra mieux la nacre exquise de vos dents.

FARCES

LES MENTEURS

ou

LES DEUX VIEILLES

PERSONNAGES

ISABELLE.
LIANDRE.
LA VOISINE.

LES MENTEURS

ou

LES DEUX VIEILLES

LA VOISINE

Si je n'avais tout à l'heure, par trois fois, frotté mes besicles avec la peau du chat dont je fis hier un pâté de lièvre, je gagerais que ce n'est point l'Isabelle que je vois venir sur la place, tant celle qui s'approche semble brave et gorgiasse. Quoi donc! vas-tu, ma fille, faire l'amour avec quelque gentilhomme, que tu as mis de tels beaux habits ?

ISABELLE

Je peux me vêtir comme il me plaît depuis que mon oncle, la veille d'être pendu, me fit don de cent pistoles qu'il avait cachées au grenier sous un tas de fagots ; mais je ne vais point faire l'amour avec quelque seigneur de la cour : j'attends au coin de

cette rue mon bel ami Liandre, qui est sorti n'a
longtemps des galères du Roy et se rend à Paris
dans l'intention de m'épouser.

LA VOISINE

Il aura donc jouissance d'un mignon corps de
garce, souef et gras comme caille et bien apte, tant
par nature que par expérience, à donner mille
plaisirs.

ISABELLE

Il est bien vrai que toujours ceux qui en usèrent
m'en firent les plus grands compliments ; et je
pense que, réunis, les soupirs d'aise dont je fus
l'industrieuse cause, suffiraient à pousser un grand
voilier jusqu'à la pleine mer.

LA VOISINE

C'est miracle qu'ils ne t'aient pas poussée jusqu'à
la mère pleine. Mais quel usage veux-tu donc faire
de ce grand manteau et de cette perruque que tu as
sur le bras ?

ISABELLE

C'est un déguisement sous lequel, imitant une
voix de vieille, j'interrogerai Liandre afin d'être
informée si, durant son absence, il me demeura
fidèle selon qu'il fut juré.

LA VOISINE

Eh ! vous, à lui, ne le fûtes guère !

ISABELLE

Les cas, je pense, sont différents. Car fille qui
souvent donna tout peut donner encore, mais à
garçon de soi prodigue, il ne reste plus rien. Cependant, tirez de là, car voici mon amant qui vient et
mon cœur tant se gonfle de joie que je pense avoir
le téton gauche deux fois plus gros que l'autre.

LIANDRE

Sans avoir demandé conseil aux chênes de la forêt
de Dodone, ni à la Sibylle de Cumes, je m'imagine
que je ne ferais point mal d'épouser l'Isabelle, car, si
j'ai juste souvenir, elle n'est point aussi plate qu'une
planche, ni par devant, ni par derrière, encore que
plus d'un peut-être l'ait maintes fois rabotée ; et de
dessous sa jupe il coule sur le pavé une odeur par
laquelle les matous qui la hument miaulent en éri-
geant la queue ! Un tel parfum est signe de bonne
nature.

ISABELLE

Hum ! hum ! hum ! Mon Dieu ! que la froidure est
cruelle aux vieilles gens, et que ce méchant catarrhe

me tourmente. Mais n'est-ce point le beau Liandre que je vois de mes vieux yeux ! Par ma fine ! je pensais que vous fussiez aux galères.

LIANDRE

De telles gens que moi n'y demeurent pas longtemps ; je ne suis pas oiseau de cage. A peine la rame en main, je ne songeai qu'à fausser compagnie au roi ; et je m'évadai sous un habit de dragon qu'une belle dame de la ville, qui m'avait vu me baigner tout nu, me fit tenir dans un pain creusé.

ISABELLE

Un habit de dragon dans un pain !

LIANDRE

C'était une miche de dix livres.

ISABELLE

Et, sans doute, évadé, vous eûtes plus d'une aventure ?

LIANDRE

Plus de cent, bonne vieille ! Dès mon arrivée à Minorque, qui est, comme vous savez, la capitale de l'empire des nègres d'Occident...

ISABELLE

Oui, oui, je sais.

LIANDRE

... je rencontrai sur la promenade la femme du sultan ; elle me fit emporter par trois ennuques à son
service, dans un palais où elle me régala de danses,
de chants et d'elle-même ; le lendemain, je fus
nourri de bécasses, de blanc-manger poudré de
corne de cerf et de confitures de perles ; j'avais
besoin, je l'avoue, d'être ainsi réconforté.

ISABELLE

Le perfide !

LIANDRE

Mais, craignant que le roi de France, désireux de
garder sur ses galères un homme de mon mérite, ne
m'eût fait suivre jusqu'à Minorque, je quittai le
pays en un costume de marchand malabarais que me
fit donner la femme du sultan, non sans en avoir
empli les poches de diamants et de perles, qui sont
la menue monnaie des nègres de l'Occident. Dès que
je fus débarqué à Constantinople, c'est, comme vous
savez, la capitale du royaume des Amazones...

ISABELLE

Oui, oui, je sais...

LIANDRE

... Je fus tout de suite remarqué par le colonel du
royal régiment de cavalerie. Notez que ce colonel
était une fille de vingt ans, chevaucheuse bonne à
chevaucher. Elle me prit en croupe et me porta vers
son écurie : les écuries sont les palais dans cette
nation-là ; on vous sert à travers les râteliers, sur
des plats d'or, des faisans et des coqs de bruyère ;
et la paille où l'on fait l'amour, encore que sem-
blant de la paille, est une très molle étoffe d'or fort
caressante à la peau.

ISABELLE

Le traître !

LIANDRE

Je serais bien volontiers resté toute une semaine
dans les écuries de la colonelle ; mais je ne tardai
pas à m'apercevoir que ma maîtresse avait une
odeur de crottin fort pénible à la délicatesse de mes
narines ; et le premier matin, tandis que l'amazone
dormait encore, je sautai sur un cheval et je m'en-
fuis à travers les monts et les plaines. Dès que, vêtu
d'une robe de doge que, en passant, j'avais achetée

à un tailleur des îles Canaries, j'eus mis pied à terre
dans la ville de Copenhague qui est, comme vous
savez, sous la dépendance du calife de Bagdad,
lequel est en même temps podestat de Pologne...

ISABELLE

Oui, oui, je sais...

LIANDRE

... J'appris que le prince de la ville avait promis la
main de sa fille et la moitié de ses richesses à celui
qui délivrerait sa contrée d'un ours énorme qui
exerçait partout de grands ravages. Cet animal était
d'autant plus redoutable que, tout en étant un ours,
il avait des ailes comme un aigle ; ce qui lui permettait de se transporter où il voulait et de fondre tout
à coup sur sa proie. Il m'eût été facile, étant si vaillant
homme, de tuer cette bête ; je préférai user de moyens
plus doux, et, l'ayant charmée d'une chanson que
j'improvisai en m'accompagnant d'une guitare, je lui
persuadai de quitter Copenhague de bonne amitié,
non sans s'être, tout d'abord, dépouillée elle-
même, avec ses propres griffes, de sa fourrure qui
était très belle et très chaude et dont je fis une des-
cente de lit devant la couche nuptiale où l'on nous
laissa seuls, après un festin magnifique, la fille du
prince et moi, doge en voyage. Et, cette nuit-là,
j'acquis la certitude que les gens de cette ville ont

des coutumes singulières, car, couchée entre les
draps qui étaient de dentelle, ma femme garda sa
couronne princière, bien qu'elle eût quitté sa chemise.

ISABELLE

Le pendard ! Je lui veux, tout à l'heure, faire
expier par d'égales jalousies les tourments dont ses
infidélités me navrent.

LIANDRE

Il n'eût tenu qu'à moi de gouverner, après la
mort du prince, la ville de Copenhague. Mais je partis parce que je remarquai que ma femme avait à
l'orteil du pied droit, au lieu de l'ongle, perdu pour
avoir porté des chaussures trop étroites, une petite
plaque d'or où d'ailleurs, par amitié, elle avait fait
graver mon nom.

ISABELLE

Et, par tous les pays où vous mena l'aventure,
vous fûtes aimé, j'imagine ?

LIANDRE

Avec passion ! C'est le moins que je vaille. Mais
quoi, l'amour de la patrie se réveille bientôt dans
les grands cœurs. Et je suis revenu à Paris à cause

du bon vin que l'on boit au cabaret de la rue Glatigny, et aussi pour épouser Isabelle qui jura de me rester fidèle.

ISABELLE

Bien ! serment de fille, c'est grésil d'églantine, ou aile de passereau ; l'un fond, l'autre s'envole. Justement j'aperçois Isabelle qui ouvre la porte de sa maison. A votre place, savez-vous ce que je ferais ? Je me déguiserais d'un manteau de vieille, — s'il vous plaît, je vous prêterai le mien, — et le dos courbé, contrefaisant ma voix, et toussant, et crachant, j'interrogerais adroitement la friponne.

LIANDRE

Le conseil n'est pas mauvais.

ISABELLE

Prenez donc le manteau — et cette perruque. Bonne chance, beau Léandre !

LIANDRE

Voilà, à vrai dire, une obligeante vieille. C'est peut-être quelque fée, car, après m'avoir jeté perruque et manteau, elle a disparu sans que je la puisse voir. Mais voici venir Isabelle. Déguisons-nous vite. Ciel ! qu'elle a pris de l'embonpoint ! Oh ! oh ! serait-ce qu'elle est grosse ?

ISABELLE

Le jour a donc lui que je reverrai mon amant! Je pense que je m'en dois réjouir, car il revient dans l'intention de m'épouser. Mais pour ce qui est de trouver la pie au nid, hi! hi! hi! le pauvre, il est bien sot s'il y compte.

LIANDRE

Ciel! que dit-elle? Hum! hum! hum! Mon Dieu, que ce rhume me tracasse et comme le froid de l'hiver fait tousser les pauvres vieilles! Mais n'est-ce pas Isabelle qui s'avance par ici? Si j'en crois ce qu'on raconte, vous gardâtes votre foi à votre ami qui ramait sur les galères royales?

ISABELLE

Bah! bah! bonne vieille! Il est bien déçu celui qui se fie au dire des gens. A peine Liandre fût-il parti que l'ambassadeur de l'empereur de Minorque, — Minorque, comme vous savez, est la capitale de l'empire des nègres d'Occident...

LIANDRE

Oui, oui, je sais.

ISABELLE

...Me proposa de le suivre dans son pays, où je fus épousée par le sultan de l'endroit, et, deux jours après mon arrivée, je couchai avec un jeune dragon que j'avais rencontré sur la promenade.

LIANDRE

La perfide !

ISABELLE

De Minorque, je partis pour Constantinople, qui est, comme vous le savez, la capitale du royaume des Amazones...

LIANDRE

Oui, oui, je sais.

ISABELLE

Je ne tardai pas être nommée colonnelle du royal régiment de cavalerie ; et je couchai dans les écuries, qui sont les palais chez cette nation-là, avec un jeune marchand malabarais...

LIANDRE

La traîtresse !

ISABELLE

Mais je perdis vite le goût de commander à un
régiment de femmes, et l'aventure me conduisît à
Copenhague — qui est, comme vous le savez, sous
la dépendance du calife de Bagdad, lequel est en
même temps podestat de Pologne.

LIANDRE

Oui, oui, je sais.

ISABELLE

Le prince de Copenhague, m'ayant adoptée pour
sa fille, me donna en mariage à un beau doge en
voyage, et je couchai très agréablement avec lui
dans le lit nuptial devant lequel il y avait une peau
d'ours avec des ailes.

LIANDRE

La pendarde!

ISABELLE

Ensuite je voyageai en cent autres lieux où je fus
aimée avec passion! car, n'est-ce pas, bonne vieille,
c'est le moins que je vaille?

LIANDRE

Tais-toi ! garce! gueuse ! gaupe ! Je ne suis pas
une vieille, je suis Liandre, je suis ton amant que
tu as trahi sans vergogne.

ISABELLE

Eh ! c'est lui! c'est Liandre lui-même ! Mais quel
mal fis-je, je vous prie, en couchant avec tant de
gens, puisque le dragon, le marchand et le doge,
et tous les autres ne furent que vous-même ?

LIANDRE

Mais alors, la vieille de naguère ?

ISABELLE

C'était moi ! comme la vieille de tout à l'heure...

LIANDRE

C'était moi !

ISABELLE

Et je ne vous en veux plus, puisque je vous ai
rendu le chagrin que me firent vos hâbleries. Bai-
sez-moi, m'amour ! et épousez-moi sans tarder.

LIANDRE

Je ne sais si je dois me résoudre à un tel hymen.
Fille à ce point rusée sera sans doute une femme en
qui l'on ne saurait se fier.

ISABELLE

Ecoute-moi, Liandre. Mon oncle, la veille d'être
pendu, me fit don de cent pistoles qu'il avait cachées
au grenier sous un tas de fagots.

LIANDRE

Que le disais-tu tout de suite ? Baise-moi, m'amour !
et vite épousons-nous. Non point que j'aie l'âme
assez vile pour être attendri par l'appât de cent
pistoles. Non ! certes non ! Ce qui me décide, c'est
que ton oncle a été pendu. Il est toujours glorieux
d'avoir de telles gens dans sa famille.

LE PUITS

ou

LA REVANCHE DE GEORGES DANDIN

DONT ANGÉLIQUE PREND SA REVANCHE

PERSONNAGES

GEORGES DANDIN.
ANGÉLIQUE.

LE PUITS

ou

LA REVANCHE DE GEORGES DANDIN

DONT ANGÉLIQUE PREND SA REVANCHE

GEORGES DANDIN

Non sans humble révérence à l'Empereur des
poètes comiques, et le prier qu'il me pardonne
de me promener, hors de sa comédie, sur ces tréteaux fantasques, en des gestes encanaillés et en
un langage où la grossièreté foraine est un vil écho
du sien, je suis Georges Dandin lui-même, cocu
fameux par tout l'univers. Mais gardez-vous de penser que je me laisse encore jouer par ma femme
Angélique, qui est une fieffée coquine. On ne m'en
donne plus à garder; Angélique aurait beau contre-
faire qu'elle se tue, je ne bougerais pas d'un mi-
empan pour lui porter secours. Même j'ai résolu

3

qu'aujourd'hui, par le moyen de ce puits que vous voyez et de cette corde qui est là, elle recevrait l'équitable châtiment des méchants tours qu'elle me fit. Justement, la voici qui vient sur la place ; et pour l'accomplissement du dessein que j'ai, il convient que je fasse de grands gestes de plaisir et que je pousse de grands cris de joie, en feignant de ne pas la voir d'abord. Ah! quel bonheur! Ah ! quelle merveille ! Ah ! quel considérable événement !

ANGÉLIQUE

Qu'avez-vous donc, mon mari, à vous démener de la sorte ?

GEORGES DANDIN

Ah ! quelle magnifique aventure !

ANGÉLIQUE

... Et à proférer de telles paroles de triomphe?

GEORGES DANDIN

Je suis plus heureux qu'un roi de royaume !

ANGÉLIQUE

Eh ! pour quelle raison, s'il vous plaît ?

GEORGES DANDIN

Plus fier qu'un général d'armée !

ANGÉLIQUE

Eh ! pour quel motif, je vous prie?

GEORGES DANDIN

Plus content qu'un carme deschaux, dans la cave au vin !

ANGÉLIQUE

Eh ! pour quelle cause, de grâce ?

GEORGES DANDIN

Vous voilà, ma femme ! Apprenez que c'est un beau jour, celui dont le soleil nous éclaire, et, plus encore que moi-même, vous avez lieu de vous réjouir, car un grand bien nous arrive sous une forme qui ne saurait manquer de vous être particulièrement agréable.

ANGÉLIQUE

Sachons donc de quel bien il s'agit, et dites-moi l'histoire.

GEORGES DANDIN

Je n'aurais garde d'y manquer ; écoutez, ma chère
femme. Vous savez que j'ai un flux de ventre...

ANGÉLIQUE

Fi ! monsieur, quel discours ! et oubliez-vous que
vous parlez devant la fille de M. de Sotenville, bon
gentilhomme ?

GEORGES DANDIN

Ayant un flux de ventre, je dis que j'ai un flux de
ventre, et il n'y a pas d'autre mot pour le dire. Et
ne vous plaignez point que je l'aie, car, si vous allez
être plus riche et plus pompeuse que toutes les prin-
cesses de la terre, c'est à...

ANGÉLIQUE

A votre ?...

GEORGES DANDIN

A mon flux, justement, que vous le devrez. Donc,
ne m'interrompez plus. Assez mal en point et la fressure inquiète, je m'arrêtai au bout de la rue déserte
dans un coin qui est bien propre à l'allègement du
mal dont il s'agit ; puis, comme, l'esprit distrait par
la hâte, j'avais oublié de me munir de ce qui, maintenant, m'était indispensable, je rencontrai de la

main quelque chose de fin, de plat et de dur qui était
comme du papier et n'était pas du papier pourtant.
C'était un morceau de parchemin, et, quand je l'eus
mis sous mes yeux, je vis qu'il était partout couvert
de lettres égyptiaques.

ANGÉLIQUE

Égyptiaques ?

GEORGES DANDIN

Ou assyriaques.

ANGÉLIQUE

Assyriaques !

GEORGES DANDIN

Ou patagoniques. Comme je ne laissais pas d'éprou-
ver, à ce propos, quelque incertitude, le docteur de
qui la maison est proche vint à passer. Il fut d'avis
que les mots sur le parchemin étaient plutôt écrits
en caractères de l'alphabet kurde. D'ailleurs, il les
lut couramment ; et savez-vous, ma femme, ce que le
parchemin (où est-il donc ? je me tâte, je l'avais tout
à l'heure dans ma poche), savez-vous, ma femme, ce
que le parchemin révélait ? qu'un grand collier à
quatre rangs de perles, de rubis, de béryls, de chrysolithes, de chrysoprases, de sardoines, d'opales et
de saphirs, pierres si rares et si grosses que, de la

3.

valeur de la plus fréquente et de la moindre, on achè-
terait un empire, fut jeté, trois mille deux cent
trois ans et six mois passés, dans le puits jadis plein
d'eau, et maintenant à sec, qui est devant notre
maison, — dans le puits que voilà.

ANGÉLIQUE

Quoi !

GEORGES DANDIN

Oui.

ANGÉLIQUE

Ah !

GEORGES DANDIN

En effet.

ANGÉLIQUE

Mais comment ce collier fut-il?...

GEORGES DANDIN

Jeté dans le puits? Le parchemin (où diable l'ai-je
fourré?) explique tout au long la chose. Il paraît
qu'une princesse kurde, qui était venue à Paris avec
son fiancé, un prince birman, dans l'intention d'acheter à la Vallée une oie grasse pour le repas des noces,
se querella avec son futur époux, il y a trois mille

deux cent trois ans et six mois passés, juste au lieu
où nous sommes, et, de colère, jeta dans le puits
l'opulent collier, présent conjugal qu'elle avait déjà
au cou. Je pensai tout de suite avec délice combien,
même après que nous en aurons vendu quelques
pierreries qui nous feront opulents à l'égal de Mathusalem (car on raconte que Mathusalem plaça à l'âge
de douze ans un denier au denier dix dont il fut, son
âge suprême atteint, plus riche qu'on ne saurait
imaginer l'être), ce collier aura encore de quoi vous
faire brave et gorgiasse lorsque vous irez à la Comédie avec le seigneur Clitandre, ou, dans quelque
Cadeau qu'on vous donne, danser aux violons.

ANGÉLIQUE

Colin ! Colin !

GEORGES DANDIN

Que faites-vous, ma femme ?

ANGÉLIQUE

Je crie votre valet pour qu'il descende dans le
puits et en rapporte le collier.

GEORGES DANDIN

Bon, il ne manquerait pas de s'endormir au fond,
ou bien il nous déroberait quelques-unes des plus
belles pierres.

ANGÉLIQUE

Il est vrai. Pourquoi n'y descendez-vous pas vous-
même, dans le puits ?

GEORGES DANDIN

Hélas ! ventru comme je suis, je n'ai guère l'agilité
nécessaire. Il faudrait lier à la taille, de la corde
que j'ai là, et peu à peu descendre, par des mains
prudentes, une personne...

ANGÉLIQUE

Jeune !

GEORGES DANDIN

Oui.

ANGÉLIQUE

Souple !

GEORGES DANDIN

Oui.

ANGÉLIQUE

Adroite et vive !

GEORGES DANDIN

Oui.

ANGÉLIQUE

Moi !

GEORGES DANDIN

Non, ma femme ! non, ma chère femme ! Je ne souffrirais pas que vous exposiez au heurt des pierres dures votre frêle et menu corps joli qui, quelquefois, fit mon plaisir et plus souvent celui de beaucoup d'autres.

ANGÉLIQUE

Liez-moi, liez-moi, vous dis-je.

GEORGES DANDIN

Quoi ! vous exigez, ma femme...

ANGÉLIQUE

Je vous dis de me lier.

GEORGES DANDIN

Je vous obéirai donc. Mais souvenez-vous bien que c'est votre seule volonté qui vous résout à une telle audace ; s'il vous en arrivait quelque mal, vous n'en auriez aucun reproche à me faire.

ANGÉLIQUE

Oh ! que je sois liée !...

GEORGES DANDIN

Vous l'êtes.

ANGÉLIQUE

J'enjambe la margelle et commence à descendre.
Surtout, tenez-moi bien.

GEORGES DANDIN

N'ayez crainte. Je ne vous lâcherai que lorsqu'il
en sera temps. Mais écoutez-moi bien, pendant que
vous descendez peu à peu : le parchemin (pourtant
je suis bien sûr de l'avoir mis dans ma poche à
gauche) explique que le collier doit être tout au fond
du puits, entre deux pavés écartés, et qu'il est très
facile à découvrir, à cause des feux qu'il jette, même
en les très épaisses ténèbres.

ANGÉLIQUE

Lâchez un peu plus de corde.

GEORGES DANDIN

Voilà.

ANGÉLIQUE

Un peu plus.

GEORGES DANDIN

Voilà.

ANGÉLIQUE

Un peu plus encore.

GEORGES DANDIN

Voilà.

ANGÉLIQUE

Ah ! de la pointe de mon soulier j'ai touché le fond, je suis arrivée.

GEORGES DANDIN

Ah ! ah ! ah ! ah ! ah ! ah !

ANGÉLIQUE

Hein ?

GEORGES DANDIN

Ah ! ah ! ah ! ah ! ah ! ah !

ANGÉLIQUE

Vous riez, mon mari ?

GEORGES DANDIN

Je ris d'aise à penser que vous avez déjà trouvé le collier.

ANGÉLIQUE

Mais non. Bien que je sois au plus profond du puits, je n'ai rien trouvé et même je ne vois rien qui brille.

GEORGES DANDIN

Ah ! ah ! ah ! ah ! ah ! ah !

ANGÉLIQUE

Vous riez encore ?

GEORGES DANDIN

Oui, je ris, coquine !

ANGÉLIQUE

Comment ?

GEORGES DANDIN

Oui, je ris, carogne !

ANGÉLIQUE

Pourquoi ?

GEORGES DANDIN

Je ris, gaupe, parce que vous êtes prise au piège, parce que votre coutumière malice a été bernée par l'espoir d'une parure, parce que, la corde que je tiens encore tombée là dedans après vous, jamais plus vous ne sortirez du puits, du puits profond, du puits vide, du puits noir où, à l'heure de votre souper, vous n'aurez de resssource qu'à manger les rats qui vous mangeront.

ANGÉLIQUE

Mon mari !

GEORGES DANDIN

Oui, votre mari qui se venge ! Que n'allez-vous sous les arbres causer avec le seigneur Clitandre ?

ANGÉLIQUE

Mon petit mari !

GEORGES DANDIN

Ils étaient charmants, les propos que vous échan-
giez, lui et vous, dans l'allée de la promenade, le soir.

ANGÉLIQUE

Mon cher petit mari !

GEORGES DANDIN

Et si vous ne pouvez le joindre, que ne le faites-
vous venir auprès de vous? Vous seriez fort bien
dans ce puits, pour faire l'amour.

ANGÉLIQUE

Écoutez-moi, je vous en conjure! Je ne vous ferai
même pas de reproches de ce qu'il y a de vilain en
votre intention de me punir ainsi. Il y a peut-être
quelque apparence que vous n'êtes pas dans votre
tort. Je péchai sans doute à cause de trop d'indiffé-
rence à l'égard de vous et de pas assez d'indiffé-
rence à l'égard des autres; mais le châtiment que
vous m'infligez m'oblige bien à reconnaître que je
m'en suis trop rendue digne, et je vous assure que
je me repens, mon joli mari, mon joli petit mari. Me
voici résolue désormais à vivre en honnête femme.
Je n'irai plus à la Comédie ni aux Cadeaux, je vous

dorloterai, je vous ferai tant qu'il vous plaira toutes les choses que je sais qui vous sont douces. Ah! tirez la corde, je vous prie, et ôtez-moi du puits!

GEORGES DANDIN

Ah! ah! ah! ah! ah! ah!

ANGÉLIQUE

Je vois donc bien qu'il me faut me résigner à périr dans ces ténèbres. Si cruelle qu'elle soit, je ne me révolte point contre votre vengeance. C'est dit, et c'en est fait. Je m'en vais rendre l'âme en ce lieu obscur. Mais il est une grâce, une grâce dernière que je pense que vous ne me refuserez point.

GEORGES DANDIN

Laquelle?

ANGÉLIQUE

C'est de prier pour mon âme, tandis que mon corps va cesser d'être le joli corps vivant que vous aimiez.

GEORGES DANDIN

Il est bien certain que je ne saurais vous dénier en cet instant suprême une si mince faveur. Même je me réjouis que, parmi les débordements de votre vie, vous ayez gardé de si honnêtes sentiments de piété. Seigneur Dieu! il y a là, dans ce puits, dans ce puits que voit votre œil qui voit tout, la plus méchante péronnelle, et la femelle la plus adultère qu'il y ait jamais eu dans le monde que vous avez créé. Mais, puisque la voici sur le point de mourir de mort fâcheuse, tâchez, s'il est possible, de ne point lui être trop sévère; pardonnez-lui ses péchés et accueillez-la dans un coin de votre Paradis, pas trop près, par exemple, de vos petits anges, car elle ne manquerait pas d'en tôt faire de jeunes galants, bien plus occupés à lui baiser l'ongle du petit doigt qu'à célébrer en majestueux cantiques la gloire de votre face!

ANGÉLIQUE

Ciel!

GEORGES DANDIN

Eh bien?

ANGÉLIQUE

Ciel!

GEORGES DANDIN

Après?

ANGÉLIQUE

Ciel!

GEORGES DANDIN

Qu'arrive-t-il ?

ANGÉLIQUE

Une chose plus admirable, plus extraordinaire, une chose plus prodigieuse que toutes celles qu'on a jamais pu rêver !

GEORGES DANDIN

Ouais ! Vous inventez, je suppose, quelque manigance ?

ANGÉLIQUE

Comme, résignée au trépas, je m'étendais au fond du puits, j'ai rencontré du pied la résistance lourde d'une pierre ; j'ai poussé, j'ai levé la pierre et je vois...

GEORGES DANDIN

Ah ! ah ! ah ! fausse femme, le collier, je gage ?

ANGÉLIQUE

Vous savez bien qu'il n'y a point de collier, puisque vous en imaginâtes la ruse. Non, point de collier, mais, enfoncé en la muraille, un bloc d'or, un énorme bloc d'or (je le tâte, je le vois), un bloc d'or, vous dis-je, qui luit malgré toutes les ténèbres. Et, en effet, je me souviens de ce qu'on raconte dans le quartier. Quand fut chassé, par la justice du roi, ce fameux fermier général qui avait acquis tant de richesses, il fit fondre en un seul lingot, assure-t-on, toutes les innombrables monnaies d'or qu'il avait, et le cacha on ne sait où. C'est dans ce puits qu'il l'avait caché et, par un étrange hasard, voici que je l'ai découvert.

GEORGES DANDIN

Bon ! bon ! bon ! ce sont billevesées et sournoiseries. Il est vrai que j'ouïs parler de ce trésor enfoui, mais, que vous l'ayez trouvé, je n'aurais garde d'y croire. Vous inventez cette trouvaille afin que je vous tire du puits.

ANGÉLIQUE

Combien vous vous méprenez ! En l'état de repentir où m'ont mise votre vengeance et la conscience de mes fautes, je n'ai plus souci des choses de la terre et je n'aspire qu'à un prompt trépas. Si vous vouliez m'ôter d'où je suis, je vous dirais : « A quoi bon ? » et je n'y consentirais point. D'ailleurs, il n'y a pas lieu de craindre que le trésor, dont je suis le témoin, soit perdu pour tout le monde. Quand se répandra la renommée de ma disparition, on ne manquera point de me chercher, on finira par me

découvrir dans cette nuit profonde où, depuis longtemps, je serai morte, et, en même temps, on dé-
couvrira le trésor qui sera confisqué par les gens
du roi.

GEORGES DANDIN

A la vérité, je ne suis point sans quelque alarme.
D'une part, il me paraît bien certain que ma femme,
en l'intention de se tirer d'affaire, me conte une
histoire de lingot qu'elle ne voit point du tout ; mais,
d'autre part, il ne serait pas impossible, si j'en crois
mes souvenirs des dictons du quartier, qu'un trésor
fût caché là, qu'il serait bien fâcheux de laisser à la
cupidité des officiers royaux. Voyons, voyons, infor-
mons-nous avec prudence. Ma femme...

ANGÉLIQUE

Mon petit mari...

GEORGES DANDIN

Comment est-il, ce lingot d'or ?

ANGÉLIQUE

Énorme.

GEORGES DANDIN

Énorme !

ANGÉLIQUE

Bien que je ne me connaisse point à ces choses, il
me semble que, remis en monnaies, il ferait une
somme enviable par les plus riches hommes du
monde.

GEORGES DANDIN

Est-il si énorme, en effet ?

ANGÉLIQUE

Ah ! qu'avec une toute petite part de ce qu'il est
vous pourriez vite acheter le champ de mon père,
M. de Sotenville, qui enclôt votre bien, et la forêt du
seigneur Clitandre, que vous feriez abattre, car elle
vous empêche de voir, de votre fenêtre, se coucher
le soleil.

GEORGES DANDIN

Je pourrais acheter...

ANGÉLIQUE

Le coucher de soleil ! en gardant de quoi acheter
tout le pays autour.

GEORGES DANDIN

Ah ! la rusée... Pourtant, tenez, ma femme (il me sera toujours temps de la remettre après dans le puits), pourtant, ma femme, je consentirai à vous remonter d'où vous êtes si vous remontez avec le trésor.

ANGÉLIQUE

Remonter ! oh ! non ! Je n'ai plus de bonne espérance qu'en l'oubli parfait de mes fautes. Cependant, afin de compenser en vous rendant aussi riche qu'on le peut être le mal que je vous fis, je veux bien, s'il vous plaît ainsi, remonter.

GEORGES DANDIN

Avec le trésor ?

ANGÉLIQUE

Avec le trésor.

GEORGES DANDIN

Allons, soit, venez, je tire la corde.

ANGÉLIQUE

Aïe !

GEORGES DANDIN

Quoi ?

ANGÉLIQUE

Ouf !

GEORGES DANDIN

Vous dites ?

ANGÉLIQUE

C'est trop lourd.

GEORGES DANDIN

Le lingot ?

ANGÉLIQUE

Le lingot.

GEORGES DANDIN

Oh ! il est si lourd que ça ?

ANGÉLIQUE

Plus lourd que je ne saurais dire. Pour l'emporter, il faudrait de larges mains, des bras robustes, des mains d'homme, des bras d'homme.

GEORGES DANDIN

Ce serait admirable s'il était si lourd ! Eh bien, venez ! venez ! venez ! ma femme. Je tire la corde, et tout à l'heure vous la tiendrez pendant que je descendrai pour l'aller quérir et vous me remonterez avec lui.

ANGÉLIQUE

Non, monsieur, non ! je ne veux plus revenir sur la terre. Je sais trop à quels remords je serais exposée après de vains plaisirs. Laissez-moi mourir dans le puits. Il vous sera facile que le trésor vous appartienne lorsque je serai morte.

GEORGES DANDIN

Voilà une étrange obstination de femme, qui n'avait pas du tout envie d'être morte, alors qu'on avait envie qu'elle le fût, et qui veut être morte quand on ne le veut point. Allons, hors du puits, ma femme !

ANGÉLIQUE

Hélas !

GEORGES DANDIN

Hors du puits, vous dis-je.

ANGÉLIQUE

Faudra-t-il donc vous obéir toujours ?

GEORGES DANDIN

Han !

ANGÉLIQUE

Ne me tirez pas si vite !

GEORGES DANDIN

Han ! Han !

ANGÉLIQUE

Ah ! pourquoi me délivrer de la tombe ?

GEORGES DANDIN

Han ! Han ! Han !

ANGÉLIQUE

Que la lumière du ciel est pénible à ceux qui ne
la méritent point !

GEORGES DANDIN

Maintenant que vous êtes hors, liez-moi vite et
descendez-moi.

ANGÉLIQUE

Mon mari, ne me condamnez pas à la tristesse de vivre après les torts que j'eus envers vous.

GEORGES DANDIN

Vous les avez rachetés par le trésor ! J'enjambe la margelle, je commence à descendre. N'allez pas me laisser tomber tout d'un coup, au moins.

ANGÉLIQUE

Ah ! mon cher petit mari, je tiens trop à vous remercier de votre pardon jusqu'à la fin de mes jours.

GEORGES DANDIN

Mais, pour la remonter avec le poids de l'or, votre force ne suffirait peut-être pas.

ANGÉLIQUE

Colin ! Colin !

GEORGES DANDIN

Que faites-vous ?

ANGÉLIQUE

Je crie votre valet pour qu'il m'aide dans le cas que, toute seule, je ne pourrais suffire à la peine.

GEORGES DANDIN

Notre valet est venu ?

ANGÉLIQUE

Mais oui, mon mari, il est venu ; il est là, vous n'avez aucune crainte à avoir. Descendez, descendez.

GEORGES DANDIN

Je descends. Lâchez un peu plus la corde.

ANGÉLIQUE

Voilà.

GEORGES DANDIN

Un peu plus !

ANGÉLIQUE

Voilà.

GEORGES DANDIN

Un peu plus encore.

ANGÉLIQUE

Voilà.

GEORGES DANDIN

Ah ! de la pointe de mon soulier j'ai touché le fond ; je suis arrivé.

ANGÉLIQUE

Hi ! hi ! hi ! hi ! hi ! hi !

GEORGES DANDIN

Hein ?

ANGÉLIQUE

Hi ! hi ! hi ! hi ! hi ! hi !

GEORGES DANDIN

Vous riez, ma femme ?

ANGÉLIQUE

Je ris d'aise à penser que vous avez déjà trouvé le trésor.

GEORGES DANDIN

Mais non. Bien que je sois au plus profond du puits, je n'ai rien trouvé et même je ne vois rien qui brille.

ANGÉLIQUE

Hi ! hi ! hi ! hi ! hi ! hi !

GEORGES DANDIN

Vous riez encore ?

ANGÉLIQUE

Oui, je ris, coquin !

GEORGES DANDIN

Comment ?

ANGÉLIQUE

Oui, je ris, pendard !

GEORGES DANDIN

Pourquoi ?

ANGÉLIQUE

Je ris, cocu, parce que tu t'es pris au piège même
où un instant je fus assez sotte pour me prendre ;
parce que ton imprévue malice a été bafouée par un

espoir de lucre; parce que, la corde que je tiens
encore tombée là dedans après toi, jamais plus tu
ne sortiras du puits où tu mangeras les rats qui te
mangeront, et que je m'en vais danser selon le son
des violes au Cadeau que m'offrit le seigneur Clitandre!

LÉANDRE AMBASSADEUR

ou

LA REINE DE PATAGONIE

PERSONNAGES

LÉANDRE
FLORISE

LÉANDRE AMBASSADEUR

ou

LA REINE DE PATAGONIE

LÉANDRE

Tous les médecins que je consultai sont d'accord que, si je ne jouis tôt de la délicieuse Florise, je tomberai en mal mélancolie, et en élégie et en éthisie, et en atrophie, et finalement en tabès, qui est proche de trépas, tant je suis féru d'amour à son endroit, voire à son envers ! or il serait, çamon, bien fâcheux que je mourusse, pour l'hôte de l'Unicorne d'Argent à qui je dois nonante-neuf jambons de Bayonne, et pour moi-même qui prends si grand plaisir à vider les bouteilles et à remplir les filles. Pour ce qui est d'épouser Florise, je n'en ai aucune intention ; à la seule idée de mariage il m'en vient des nausées comme si j'avais mangé rat de chaire

pour chair de rôt et bu fiel au lieu de miel.
D'autre part, il ne saurait être question de tenter la
mignonne par de doucereuses paroles et de subtiles
caresses ; elle est vertueuse, encore qu'elle ait plus
de quinze ans, au delà de tout ce qu'on peut imaginer. Il m'a donc fallu combiner un stratagème, par
où j'en ferai mon plaisir sans qu'elle s'en avise elle-
même ; si elle est belle comme un cygne, elle est
bête comme une oie, et elle ne manquera de donner
dans le panneau. Mais la voici qui vient sur la place.
Dieux immortels ! quelle a d'appas ! Voyons, tout
est-il préparé ? oui, la porte de ma maison est ou-
verte et la première chambre est obscure à souhait.
Ha ! ha ! ha ! ha ! ha !

FLORISE

Hé ! là, seigneur Léandre, qu'est-ce donc que
vous avez à geindre de la sorte ?

LÉANDRE

Ha ! ha ! ha ! ha ! ha ! ha !

FLORISE

Vous ne crieriez pas davantage si vous ardait le
feu Saint-Antoine.

LÉANDRE

Ha ! ha ! ha ! ha ! ha ! ha !

FLORISE

Ha ! ha ! ha ! ha ! ha ! ha ! Voilà que, de vous voir pleurer, je me donne à pleurer aussi.

LÉANDRE

Grâces de votre pitié soient rendues à Dieu et à monseigneur saint Denis qui, pour celer qu'il n'avait plus de tête, marchait sur les mains, les pieds coiffés d'un chaperon de cardinal ! Jamais je me trouvai en aussi cruelle gêne depuis que je suis ambassadeur à Paris de la reine des Patagons ; si vous ne me venez en aide, je n'aurai d'autre recours que d'aller me jeter à la rivière.

FLORISE

Vous êtes ambassadeur ? ...

LÉANDRE

De la reine des Patagons.

FLORISE

J'en apprends la nouvelle.

LÉANDRE

Quoi ! ne l'entendîtes-vous pas, le mois passé, à toutes les places de la ville, du crieur public qui criait dans sa corne ?

FLORISE

J'eus, le mois passé, l'oreille gauche un peu dure à cause d'une abeille qui était entrée dedans ; possible que le crieur cornait de ce côté-là. Et quand fûtes-vous nommé ambassadeur ?

LÉANDRE

Durant ce voyage de deux ans que je fis pour me distraire.

FLORISE

N'étiez-vous donc pas aux galères ?

LÉANDRE

Non, en Patagonie.

FLORISE

A la bonne heure ! Mais, la cause de votre gêne, dites-la.

LÉANDRE

Apprenez que Sa Majesté en m'envoyant en France
me commit le soin d'y faire frapper des monnaies à
son effigie ; car, en son État, il n'y a point de ma-
chines ni d'artisans pour de tels ouvrages. Elle fit
prendre, en de la cire molle, l'empreinte de son visage : de la cire, on ferait un moule ; et il n'y aurait
plus qu'à y faire couler en fusion le cuivre, l'argent,
l'or dont sa Majesté m'avait chargé abondamment ;
chez les Patagons, les lingots précieux sont aussi
communs que chez nous les cailloux des routes et
les pavés des rues.

FLORISE

Il me semble que je l'ouïs conter. Mais je ne
vois pas encore...

LÉANDRE

Vous ne tarderez pas à savoir mon malheur !
L'autre semaine, précisément comme j'allais chez
le frappeur de monnaies, l'empreinte, qui était assez
large et presque plate, placée sur mes deux mains
ouvertes, pour qu'il ne lui advînt pas quelque
méchef, je passai devant une boutique de pâtissier
d'où sortait une odeur de miel et de beurre si appé-
tissante que j'en eus la lippe mouillée. Ma foi, j'en-
trai dans la boutique, et, l'empreinte posée avec

6

soin sur une table qui était là, je me mis à manger
des échaudés, et surtout des choux à la crème, dont
je raffole. Ne les aimez-vous point, délicieuse Florise ?

FLORISE

Ah ! que je les adore !

LÉANDRE

Je n'en mangeai pas moins de douze ! Mais, voyez
la malencontre, le pâtissier, tandis que je humais la
crème, avait pris la cire plate pour une des galettes
qu'il apprêtait, et l'avait mise au four avec elles !

FLORISE

Ciel !

LÉANDRE

Tel fut mon cri !

FLORISE

La cire s'évanouit au feu ?

LÉANDRE

Non point la cire, qui resta propre à recevoir les
empreintes, mais l'auguste visage, creusé dedans,
de ma souveraine. Par ainsi, nul moyen désormais

de faire frapper les monnaies ; et ma fressure s'é-
meut de songer aux supplices dont on punit en Patagonie les personnes qui négligèrent d'accomplir
les ordres de la reine. Le mieux qu'il puisse m'arriver c'est qu'on m'introduise, non par la bouche,
dans le ventre, un Paratafangotatooumahapa !

FLORISE

Un Paratafangotalooumatrapa ?

LÉANDRE

Non, — Paratafangotatooumahapa.

FLORISE

Oh ! qu'est-ce-qu'un Paratafangota ...

LÉANDRE

Une branche de l'arbre appelé Boromolotoropo,
lequel porte une fleur nommée Létilipipisilivisili.
Or, cette fleur, dès qu'elle pénètre dans le ventre,
s'élargit démesurément, sans doute par l'effet de la
chaleur interne, en des milliers d'aiguilles de flammes
qui virent comme ces pièces d'artifice dont on amuse
les gens les soirs de fêtes royales !

FLORISE

Pauvre seigneur Léandre! Mais ne sauriez-vous trouver, parmi les dames ou demoiselles de Paris, quelque visage ressemblant à celui de la reine?

LÉANDRE

Hélas! il n'y faut pas songer! car, à dire vrai, les visages, en Patagonie, n'ont que peu de rapport avec les visages d'ici. Ce sont des faces, oui, mais...

FLORISE

Mais?...

LÉANDRE

Mais ce ne sont pas, tout à fait, des visages!

FLORISE

Alors, qu'est-ce que c'est?

LÉANDRE

Mon Dieu!.... de quelle façon dirais-je?... c'est...

FLORISE

C'est?

LÉANDRE

C'est des ... sauf votre révérence ...

FLORISE

Des ?...

LÉANDRE

Derrières !

FLORISE

Des derrières !

LÉANDRE

Oui !

FLORISE

Comment ! les Patagons...

LÉANDRE

Et les Patagonnes...

FLORISE

Ont sur les épaules?...

LÉANDRE

Il n'y a rien de plus véritable.

FLORISE

Que voilà d'étranges personnages ! Ce doit être un fâcheux spectacle lorsqu'ils se réunissent dans quelque fête pour danser la bourrée ou la gavotte...

LÉANDRE

C'est à la courante qu'ils s'adonnent de préférence.

FLORISE

Ou lorsque, se rencontrant dans la rue, ils se font des révérences ! Mais, seigneur Léandre, comment les Patagons s'y prennent-ils pour manger ?

LÉANDRE

Le respect, délicieuse Isabelle, me défend d'en dire la manière.

FLORISE

Et pour éternuer ?

LÉANDRE

De la même façon.

FLORISE

Et pour y voir clair ?

LÉANDRE

Ils portent des lunettes.

FLORISE

On dit bien vrai qu'on s'instruit tous les jours! Mais, pour revenir à votre propos, vous pouvez espérer, je pense, de sortir d'embarras. Il doit bien y avoir par la ville, des...

LÉANDRE

Hélas! délicieuse Florise, vous ne savez pas combien la reine est belle. Il y en a Un, oui, mais il n'y en a qu'Un, où voir sa parfaite image!

FLORISE

Et lequel, s'il vous plaît?

LÉANDRE

Le matin d'hier, j'errais par la plaine fleurie, derrière le mur de la guinguette. Les petits oiseaux pépiaient, les petites poulettes caquetaient, les petits canards cancanaient, le vent passait dans mes cheveux avec des parfums de muguets et de fritures. J'allais, rêvant, comme ont coutume les poètes, à des douceurs d'amour dans la douceur nouvelle du printemps ; et je songeais aussi à la fricassée de lapin que l'on m'apprêtait chez le père Athanase qui a pour cette sorte de plat un accommodement sans pareil, lorsque, un peu de loin, je vis courir vers les venelles une jeune demoiselle si jolie en vérité que ce devait être vous-même, délicieuse Florise.

FLORISE

Seigneur Léandre !

LÉANDRE

D'où veniez-vous ? je ne sais. Quel soin vous pressait ? je l'ignore.

FLORISE

Seigneur Léandre !

LÉANDRE

Parfois, vous vous arrêtiez, regardant autour de vous. Vouliez-vous être bien sûre d'être seule avant de cueillir le lilas qui, de la branche pendante, vous frôlait les cheveux, ou pour prendre le nid de linottes qui faisaient pi ! pi ! pi ! pi ! pi ! pi ! dans le buisson remué de brise ? Je vous guettais derrière un tronc d'arbre, sans me montrer, sans faire de bruit, de

peur que les oiselets ne s'envolassent et que vous ne
prissiez avec eux la volée. Enfin...

FLORISE

Assez !

LÉANDRE

Vous jugeant solitaire...

FLORISE

Taisez-vous !

LÉANDRE

Et saisissant à deux mains votre jupe d'armoisin à
petites fleurs roses...

FLORISE

Non !

LÉANDRE

Vous...

FLORISE

Non !

LÉANDRE

Mais si ! Et, ébloui, je tombai à genoux en murmu-
rant : « Grâce ! grâce ! Majesté ! » car j'avais cru

reconnaître la reine de Patagonie. De sorte que vous seule pouvez me tirer de peine en me permettant de prendre l'empreinte...

FLORISE

Fi !

LÉANDRE

Par pitié !

FLORISE

Fi ! vous dis-je ! Je me garderai bien de montrer, y consentant, ce qu'un cruel hasard vous offrit de surprendre.

LÉANDRE

La chambre est obscure, où j'ai préparé la cire toute molle, et, foi de gentilhomme ! pour prix de votre miséricorde, je ne manquerai pas de vous donner, dès les monnaies frappées, votre ressemblance en cuivre...

FLORISE

Et en argent ?

LÉANDRE

Et en or.

FLORISE

En pourrai-je acheter une collerette de dentelle comme en porte aux Porcherons Guillemine, la femme du maréchal ferrant?

LÉANDRE

Vous en pourrez acheter vingt collerettes avec dix agrafes d'or pour serrer la dentelle.

FLORISE

Entrons donc vite dans votre maison, devant que mon père m'appelle.

LÉANDRE

De plus niaise qu'elle, je pense qu'on n'en vit jamais. Mais, pendant que je la suis, l'odeur de ses petits cheveux dans le cou fait que je me pâme d'aise, déjà.

FLORISE

Vous n'aviez pas tort de dire qu'il fait noir dans cette chambre. Je n'y vois rien... Je ne vous vois même pas.

LÉANDRE

Il n'est pas besoin de clarté pour notre besogne.

FLORISE

Oh !

LÉANDRE

Quoi?

FLORISE

Je sens...

LÉANDRE

C'est la cire que j'applique.

FLORISE

On dirait plutôt... des mains, qui prennent.

LÉANDRE

C'est une cire prenante.

FLORISE

Oh ! oh !

LÉANDRE

Quoi donc?

FLORISE

Est-ce qu'il est besoin que, de l'autre côté aussi...

LÉANDRE

Sans doute, pour qu'elle reçoive toute l'empreinte.

FLORISE

Ah ! oui.

LÉANDRE

Et même...

FLORISE

Oh ! oh ! oh !

LÉANDRE

Sans ça, elle ne tiendrait pas.

FLORISE

Seigneur Léandre !

LÉANDRE

Ah !

FLORISE

Seigneur Léandre !

LÉANDRE

Ah !

FLORISE

Seigneur Léandre !

LÉANDRE

Ah !

FLORISE

Revenons vite sur la place, car je pense que j'entends mon père qui me réclame. Au moins, puisque je vous vins en aide, vous ne manquerez pas de me donner ma ressemblance, comme vous me l'avez promis ?

LÉANDRE

Pour ce qui est de cela, n'ayez nulle crainte, délicieuse Isabelle ! votre ressemblance, vous l'aurez, sans faute, d'ici à sept ou neuf lunes !

LÉANDRE MARIÉ

ou

L'HONNEUR CONJUGAL

PERSONNAGES

LÉANDRE.
GORGIBUS.
UN PAYSAN.
UN FILS DE DRAPIER.
UN GENTILHOMME.
ISABELLE.
LA FOULE : LES AMANTS D'ISABELLE.

LÉANDRE MARIÉ

ou

L'HONNEUR CONJUGAL

———

GORGIBUS

On dit bien vrai, voisin Léandre, que nul n'évite
le sort de Ménélas, roi de Sparte, qui, comme vous
savez du reste, fut cocufié haut et large, une fois
qu'il était à la chasse, par un berger, fils de roi,
appelé Pâris. A ce propos, n'est-il pas étrange que,
presque toujours, à courre le cerf, on le devienne?
Pour moi, je suis instruit que, grâce à mes deux
défuntes, je fus un cocu dix-cors; et tous les époux
de notre quartier me sont égaux en ce point. Mais
vous, voisin Léandre, encore que l'on vous voie bien
fait, gras, blanc, de fière mine, et que vous fleuriez
la bergamotte comme un moine le bran, vous l'em-
portez sur tous les gens de toute la terre en fait de

7.

cocuage ; en un mot, vous êtes, entre les cornards, comme un vénérable cèdre par-dessus d'humbles hyèbles.

LÉANDRE

Vous errez, voisin Gorgibus. Outre que, par le moyen d'une valeur et nocturne et diurne qui eût fait perdre le goût du change à la reine Cléopâtre elle-même, je sais mettre Isabelle hors d'état de vaquer à d'adultères folâtreries, je m'assure sur les honnêtes conseils qu'elle reçut de sa mère, laquelle était verdurière aux Innocents, de son père, qui tenait maison d'amour au bout de la rue Traînée, et de son oncle, honneur de notre famille, qui fut pendu. Fille de telle race ne saurait manquer aux saints devoirs de l'hyménée ; ma femme sait ce qu'elle me doit et se garderait bien de me faire tort.

GORGIBUS

Profond aveuglement des humains ! Bien fis-je donc, — car la bonne amitié que j'ai conçue pour vous depuis certaine bouteille dont vous me régalâtes au cabaret de la Souris-Merlette, un jour de cavagnol heureux, m'incita dès longtemps à vous désabuser, — bien fis-je donc, voisin Léandre, d'amener ici quelques-uns d'entre ceux qui partagèrent votre bien, s'il y a partage où l'un, avant ou après l'autre, prend tout, et si l'on peut dire qu'une femelle est

un bien. Par considération pour moi, ils sont prêts
à jurer qu'ils ont couché avec Mme Isabelle ; vous
n'avez qu'à les interroger. Entrez-vous, allons,
entrez !

LÉANDRE

Peste !

GORGIBUS

Quoi donc ?

LÉANDRE

Tous ont couché avec ?...

GORGIBUS

Tous.

LÉANDRE

Ils sont nombreux.

GORGIBUS

Vous n'en voyez guère. Le double au moins a dû
rester dans la ruelle, à cause de l'escalier qui est
trop étroit.

LÉANDRE

J'aperçois au premier rang un homme vêtu comme
quelqu'un de la campagne. Je le questionnerai

d'abord ; j'ai confiance en la franchise des agricoles. C'est donc vous, monsieur, qui fîtes l'amour à ma femme ?

LE PAYSAN

Pour ce qui est de dire si c'est moi qui le lui fis, ou elle qui me le fit, je ne saurais. Mais, de vrai, un soir, après un bon marché de volailles et de cent douzaines d'œufs, je rencontrai Mme Isabelle, au coin de la rue Glatigny, qui troussait sa jupe à mi-cuisse ; elle me conduisit dans votre logis ; et, dame, soit moi, soit elle, peut-être bien tous les deux, il y eut quelque chose approchant ce que vous disiez.

LÉANDRE

Il ne saurait être question ici d'approchant, mais d'approches ! Précisez, je vous prie. Beaucoup de gens ont, en paroles, coutume d'étranges exagérations. Il se pourrait que ma femme, jeunette comme elle est et aimant à rire, vous eût, sans se rendre criminelle, laissé prendre quelques privautés...

LE PAYSAN

Des privautés, je ne sais pas, mais, sûrement, les fesses ! A preuve qu'en m'en allant je lui donnai quatre écus dans la main ; et ça n'aurait pas été assez s'il avait fallu payer au poids.

LÉANDRE

Ah! la carogne!

GORGIBUS

Voici un jeune fils de marchand, qui vous en dira de belles.

LÉANDRE

Fi! qu'il est petit et mignot! Qui sera d'avis qu'une personne de grande taille comme est mon épouse ait pu s'accommoder d'un tel gringalet? Il eût fallu qu'il lui grimpât aux jambes, comme un enfant à une échelle.

GORGIBUS

Pas n'est besoin de grimper quand l'échelle est à bas.

LÉANDRE

Il serait vrai, jeune fils de marchand, que vous avez copulé avec ma femme?

LE FILS DE MARCHAND

Hélas! quel mot dites-vous là! Je ne sais ce qu'il veut dire. Ce que je n'ignore pas, ce dont je me souviendrai toujours — quelle douce souvenance! —

c'est que tout d'abord Mme Isabelle me combla
de caresses telles que je me sentais enveloppé comme
de paradis ; délicieusement je défaillais ! et je serais
tombé de mon haut, si je n'eusse été étendu sur le
lit. Enfin, je n'ai pas lieu de regretter les six pistoles
que, les ayant dérobées à ma mère, j'envoyai le lendemain à votre femme par le courtaud de boutique.

LÉANDRE

Ah ! la triple chienne !

GORGIBUS

Voici un gentilhomme de la cour. Courtisans ne
mentirent jamais. Et il vous ferait donner cent coups
de bâton si vous doutiez de sa parole.

LÉANDRE

Quoi, monseigneur, dois-je croire qu'en effet vous
me fîtes cocu ?

LE GENTILHOMME

Mais oui, j'en eus le plaisir.

LÉANDRE

Et moi, j'en ai la gloire ! Mais en quel lieu, s'il
vous plaît ? Car penser que vous vous résignâtes à
visiter mon humble logis, je ne l'oserais.

LE GENTILHOMME

Ce fut dans la petite maison que j'ai au faubourg.
On y soupait avec quelques filles du monde. L'un
vanta l'Isabelle, l'ayant vue aux Porcherons. On
l'envoya querir; et, en vérité, je n'oublierai jamais
la grâce dont, sortant sans autre voile que sa rose
pudeur de la chambre où elle ne m'avait refusé que de
ne pas tout m'offrir, elle nous donna le joli spectacle,
sur la table fleurie du souper, de saisir, entre deux
doigts de son pied nu et de jeter en l'air, pour les
rattraper dans sa bouche mi-ouverte comme une
tirelire rose, un à un, les dix louis qu'on avait
mêlés aux sucreries du dessert !

LÉANDRE

La triple gaupe !

GORGIBUS

Vous plaît-il, voisin Léandre, d'interroger encore ?
Si ceux qui sont venus dans cette chambre ne suffi-
sent pas à vous convaincre de votre malheur, je puis
faire monter un commis des gabelles, trois dragons,
deux merciers, quatre orfèvres, cinq ou six abbés,
trois colporteurs, un moine, un horloger, un raccom-
modeur de violes, trois cuisiniers, un évêque, cinq
valets de chambre, douze cochers, un poète et qua-

torze comédiens ! Je puis faire monter encore, ayant tous couché avec votre femme...

LÉANDRE

Assez ! assez ! assez ! ou bien, grandi par la colère jusqu'à toucher la céleste voûte, j'en empoigne des deux mains les pierres bleues et roses pour en écraser l'humanité entière, qui me fit cornard ! O rage ! ô honte ! ô formidable colère ! Qu'on m'aille chercher la foudre, si l'on ne veut pas que j'aille la prendre. Mars, donne-moi ta lance, Vulcain, ton enclume, Apollon, tes traits ! Que la force dont les Titans escaladèrent l'Olympe gonfle mes bras, que la haine de Prométhée batte en ma poitrine ! dès demain toute la terre sera jonchée de mes vengeances. En holocauste à l'honneur, seul dieu des grandes âmes, j'offrirai toute la vie qu'il y a dans l'univers. Mais non, ne tremblez pas ! je suis juste autant que terrible : c'est sur la seule coupable que fondra toute ma rage. Allez-vous-en ! allez-vous-en ! allez-vous en d'ici ! Je ne veux pas ensanglanter vos yeux de l'épouvantable tragédie dont s'étonneront les âges futurs. Ils sauront, nos arrière-neveux, avec quelle équitable barbarie Léandre a vengé son honneur. Vous êtes partis ? Très bien. Accours à ma voix, adultère épouse ! viens, Alecton, coquine, mégère, meschine, Perséphone, ribaude ! viens, Euménide ! viens, catin ! afin que les cieux contemplent mon honneur satisfait !

ISABELLE

Eh! que vous faites de tapage, mon petit mari!
Qui vous mit si fort en colère? Possible que vous
avez trop bu. Pour moi, j'ai mis mes plus beaux
atours, et je m'en vais par les rues afin que l'on
m'admire.

LÉANDRE

Gueuse! Le paysan, parce que tu troussais tes
jupes à mi-cuisses...

ISABELLE

Eh bien?

LÉANDRE

Combien d'écus te donna-t-il?

ISABELLE

Tu le sais bien. Deux écus. Même tu en as acheté
le ruban d'or qui se noue à la garde de ton épée.

LÉANDRE

Non, gueuse, il t'en donna quatre!

ISABELLE

Aïe!

LÉANDRE

Le fils du drapier à qui tu enseignas le Paradis...

ISABELLE

Bon ! Après ?

LÉANDRE

Combien t'envoya-t-il de pistoles par le courtaud
de la boutique ?

ISABELLE

Tu le sais bien. Trois pistoles. Même tu les perdis
au brelan, en moins de temps que je ne mis à les
gagner.

LÉANDRE

Non, il t'en envoya six !

ISABELLE

Aïe !

LÉANDRE

Et le gentilhomme de la cour du roi qui te fit danser sur la table du souper ?...

ISABELLE

Au son de deux flûtes et de quatre violons.

LÉANDRE

Combien de louis t'offrit-il à ramasser entre deux doigts de ton pied nu ?

ISABELLE

Tu le sais bien. Cinq louis d'or. Même si tu n'en avais apaisé un prêteur sur gages à qui tu avais remis, pour vrai diamant, de faux cristal, tu serais retourné ramer sur les galères du roi.

LÉANDRE

Non. Il t'en offrit dix !

ISABELLE

Aïe ! aïe !

LÉANDRE

Et de toutes les sommes que te remirent tant d'amants, dont le nombre me déshonore beaucoup plus, vraiment, qu'il n'est d'usage, qu'en as-tu fait, pendarde ?

ISABELLE

J'en meublai le logis où mon petit mari est à l'aise ; j'en fis cuire les menus plats, où mon petit mari se délecte; j'en achetai des soies et des dentelles dont mon petit mari se pare ; j'en mis des draps de toile fine au lit où je cajole mon petit mari.

LÉANDRE

Je ne conteste pas les soins aimables dont tu m'entoures et me charmes! Non, je ne les conteste pas! et tu as dû y employer, je le pense, quelque argent. Mais, de l'autre part des sommes, qu'en fis-tu? Explique-toi. Car, si mon honneur a subi quelque injure, j'en tirerai une effroyable raison.

ISABELLE

Écoute, Léandre.

LÉANDRE

Je t'étranglerai, toi et tes amants.

ISABELLE

Écoute donc !

LÉANDRE

Ou bien je vous mettrai dans le four !

ISABELLE

Tu connais le...

LÉANDRE

Ou bien je vous jetterai dans la Seine, du haut du pont !

ISABELLE

...Le porteur de pain...

LÉANDRE

Car je ne crains personne !

ISABELLE

... Qui vient chez nous, les bras nus...

LÉANDRE

Personne ne me fait peur !

ISABELLE

C'est à lui que je donne...

LÉANDRE

Non ! je ne crains personne !

ISABELLE

...La moitié...

LÉANDRE

Non, personne ne me fait peur !

ISABELLE

… Des présents que je méritai.

LÉANDRE

C'est un homme mort ! Je cours…

ISABELLE

S'il me plut, c'est que je le vis, un jour, à la foire, se ruer, seul, poings et tête en avant, contre douze garçons dont il joncha la terre en moins de temps que la tempête n'en met à dépouiller un arbre sec ! Allons ! allons ! cours ! c'est un homme mort !

LÉANDRE

Comme on s'entend tout de suite quand on s'explique ! Pourquoi n'as-tu pas commencé par me dire le vrai des choses ? Tu sais combien je suis chatouilleux quant aux choses du devoir conjugal ; mais tu sais aussi que je suis impartial, à l'exemple de toutes les grandes âmes. Penses-tu que je t'en veuille pour de menus dons que tu fis à quelqu'un pour qui

tu as de l'estime? Que non point! Allons! puisque tu
as mis tes beaux atours, va-t'en te promener par les
rues afin que l'on t'admire. Mais n'est-ce pas un
grand fou que le voisin Gorgibus qui s'avise de me
vouloir inspirer des soupçons sur ta vertu? Je savais
bien, moi, qu'une femme ne manque point aux
saintes obligations de l'hyménée, quand elle reçut
les conseils d'une mère qui fut verdurière aux Innocents, d'un père qui tenait maison d'amour rue
Traînée et d'un oncle qui fut pendu.

LA NIAISE

ou

LE MONDE RENVERSÉ

PERSONNAGES

OCTAVE.
LE DOCTEUR.
LUCINDE.

LA NIAISE

ou

LE MONDE RENVERSÉ

OCTAVE

On a bien juste raison de dire qu'il n'est entête-
ment que de mule ni sottise que de fille ; et si, dans
le cas où je me tourmente, je pense que la jolie Lucinde soit l'autre autant que l'une ; encore que, jeune
et de large poitrail, elle paraisse bien en état de faire
des enfants, à quoi les mules ne sont aptes. Mais
j'aperçois venir le docteur ; il fut toujours de savant
conseil en les affaires de celle-ci ressemblantes, et,
comme il me reste quelque monnaie de l'écu que je
gagnai hier chez la reine au noble jeu du Trou-
Madame-Mettez-y-les-doigts, j'obtiendrai quelque
stratagème par où je pourrai jouir de Lucinde ; car,
ainsi que tous les grands hommes, il a l'âme vénale
à la vendre au marché par petits tas d'un sou.

LE DOCTEUR

Eh ! n'est-ce point le seigneur Octave dont je vois
frémir au vent le joli nœud d'épée...

OCTAVE

C'est dentelle de Frise.

LE DOCTEUR

J'aurais cru chou qui frise... et dont je sens
l'odeur me monter aux narines ?

OCTAVE

C'est fine bergamotte.

LE DOCTEUR

J'aurais cru fine crotte.

OCTAVE

Les plus savants yeux et les plus savants nez peuvent se méprendre. Mais apprenez, docteur, que je
n'ai d'espoir qu'en vous, au rapport d'une jeunesse
qui, à seize ans passés, est pucelle encore, aussi vrai
que le Dieu le père est le fils du Saint-Esprit.

LE DOCTEUR

C'est donc Lucinde ?

OCTAVE

Comme vous l'avez tôt deviné, sans que je dise son nom. Ce que c'est que d'être habile homme !

LE DOCTEUR

Vous m'eussiez dit son nom, j'aurais pu errer ; car, dans la ville, il y a plus d'une Lucinde, mais il n'y a qu'une pucelle.

OCTAVE

Quoi, une seule ?

LE DOCTEUR

J'entends qui le soit en effet, n'ayant point cessé de l'être. Pour celles qui le redevinrent, elles sont plus innombrables que les puces au chenil du pape. Moi-même, j'en refis maintes, par des moyens que m'oblige de céler la discrétion professionnelle ; j'ai la clientèle de la moitié des nuits de noces de Paris. Mais, va donc, devisons de Lucinde. Sans doute quelque financier la vit aux Innocents marchander l'herbe aux verdurières et vous donna commission de la conduire en son lit ?

OCTAVE

Qu'à d'autres lits, au rhabillé du mien, je la conduise, il est possible. Mais, pour l'instant, j'en suis

à si vif point féru, à cause de sa bouche que l'on voit faire U comme un cul rose de petite poule, et de son plein corsage, que je la veux à mon seul gré.

LE DOCTEUR

Ce désintéressement me touche.

OCTAVE

Or, dès la première fois qu'elle me vit, beau et bien fait comme me voilà, elle resta bée, ainsi qu'il advint à la reine de Hongrie pour ce que je lui avais pincé le mollet une fois qu'elle prenait le coche de Bonneuil. Et je pensai que, tôt, je jouirai de Lucinde ; d'autant qu'elle est nice et niaise autant que petite femelle le saurait être.

LE DOCTEUR

C'est l'ordinaire accompagnement de pucelage.

OCTAVE

Non, de plus nice qu'elle, on n'en saurait imaginer. Je pense qu'au lieu de dire oui ou non, elle dirait bé ou bée, n'était que, née en la ville, elle n'eut point l'exemple des petits moutons des champs. Elle n'a jamais pu comprendre comment l'heure sonne toute seule ; quand elle entend midi, elle sup-

pose que quelqu'un a averti l'horloge. Si elle voit
disposer du vin en cave, elle dit : « C'est bête de
l'avoir mis en bouteille ; sans le verre, il tiendrait
moins de place. » Quand le voisin épousa la voisine,
elle trouva qu'il avait grand tort, et qu'il aurait dû
se marier avec la perruche du cabaret de la rue Glatigny qui est bien plus jolie. Que si sa tante l'envoie
changer une monnaie d'argent, elle dit à l'homme
qui lui donne beaucoup de gros sous de cuivre :
« Eh ! là ! eh ! là ! qu'avez-vous ? Vous vous faites tort
de donner autant de pièces pour une. » Elle n'a jamais pu s'expliquer pourquoi il ne fait pas jour la
nuit, et, quand elle voit clair en s'éveillant, elle dit :
« Alors, c'est encore hier. » Pour ce qui est des
choses de l'amour, elle se montre d'une telle igno-
rance que l'autre jour, à l'église, pendant que le curé
bénissait les épousailles et que les mariés échan-
geaient l'anneau, elle demanda au suisse : « Est-ce
que c'est maintenant qu'ils font l'enfant ? » Mais,
d'être femme, un désir tout de même d'abandon l'in-
cline à ne point avoir d'horreur pour les gentilshommes bien tournés, et maintes fois elle m'avoua
qu'elle ferait avec plaisir tout ce que je voudrais,
encore qu'elle ne sût point du tout ce que je pouvais
vouloir.

LE DOCTEUR

Donc, c'est un pucelage à refaire. N'ayez crainte,
j'y pourvoirai.

OCTAVE

Eh ! il n'en est pas encore temps, car, toute nice,
elle est obéissante à sa tante qui est femme de bien ;
et celle-ci, chaque matin, lui ordonne : « Garde-toi
de rien accorder, petite, à qui se tient devant toi. »
Et Lucinde, chaque matin, en fait un grand serment.

LE DOCTEUR

« Devant toi ? »

OCTAVE

« Devant toi. »

LE DOCTEUR

De sorte ?

OCTAVE

De sorte que Lucinde ne laisse point que de me
donner à baiser les petits cheveux qu'elle a derrière
le cou, et même je n'ignore point, amant aux mains
hardies, de quel tissu sont faites ses jarretières,
mais jamais je n'en tâtai la boucle, qui est devant.

LE DOCTEUR

Des consolations vous sont offertes...

OCTAVE

Indignes d'un homme de cœur ! Mais voici que Lucinde, belle comme une oie bien nourrie, sort de sa maison. Si vous l'obligez, par quelque savante ruse, à ne point me défendre de me comporter devant elle...

LE DOCTEUR

Devant elle ?

OCTAVE

Devant elle !... selon la posture que l'amour implique, je vous donnerai ce qui me reste sur l'écu gagné chez la reine au noble jeu du Trou-Madame-Mettez-y-les-doigts.

LE DOCTEUR

Voilà un étrange cas. Et je pense que toute ma science dont je donnai mainte preuve me sera nécessaire en cette occasion. Pourtant, si Lucinde est nice autant qu'on me le dit, je ne désespère point de réussir selon le vœu de l'infortuné Octave.

LUCINDE

Eh ! docteur, c'est donc vous qui prenez le frais sur le pas de votre porte?

LE DOCTEUR

Le frais je prends.

LUCINDE

Hein ?

LE DOCTEUR

Dit j'ai : le frais je prends.

LUCINDE

Sur le...

LE DOCTEUR

Le sur...

LUCINDE

Pas de votre porte ?

LE DOCTEUR

Porte ma de pas.

LUCINDE

C'est une singulière façon de parler que vous avez
là, docteur !

LE DOCTEUR

Façon singulière.

LUCINDE

Mais, ce me semble, le ciel est très gros de nuages.
Il y a lieu de craindre qu'il ne pleuve.

LE DOCTEUR

Tombera pluie. Mouillés seront gens des cheveux
les.

LUCINDE

Les cheveux des gens seront mouillés ? Voilà qui
est bien pour m'étonner. On ne marche pas dans la
boue, la tête en bas, mais c'est les pieds qui vont
sur le pavé.

LE DOCTEUR

Pavé le sur vont pieds les ? Communément pro-
duit se qui contraire le juste tout est c'.

LUCINDE

Vous êtes trop savant pour que je m'avise de ne
point être de votre avis. Mais qu'est-ce que vous
à rire en regardant de ce côté de la rue ?

LE DOCTEUR

Rue la de côté ce de ? Carrosse le dans caressaient se qui amoureux deux de dos le sur soufflé
a cheval un d' tête la.

LUCINDE

La tête d'un cheval a soufflé sur le dos de deux amoureux qui se caressaient dans le carrosse? Et depuis quand les chevaux ont-ils la tête tournée vers le dedans des voitures?

LE DOCTEUR

Lucinde pucelle, renversé est monde le que depuis.

LUCINDE

Depuis que le monde est renversé? Qu'est-ce que vous m'apprenez là, docteur? Le monde est renversé?

LE DOCTEUR

Humaines destinées des arbitre l'inventée a qu' mode nouvelle une est c'. Envers l'à est tout. Chose la annoncé a qui public crieur le entendu point donc avez n' vous? Pied plein de eux chez entrent étage quatrième au logent qui gens les désormais; chaussée de rez au habiter pour échelle une faut il et.

LUCINDE

Il faut une échelle pour habiter au rez-de-chaussée! Jamais je n'ouïs dire que choses pareilles furent

possibles. Que tout le monde soit à l'envers, c'est ce
que je ne saurais croire, encore que je sois nice.
Certainement vous vous gaussez de moi.

LE DOCTEUR

Destin du jeux sont ce. Valet est roi le. Roi est
valet le. Pieds les coiffer fait se Dauphine la Madame.
Haut est bas fut qui ce. Bas est haut fut qui ce.

LUCINDE

Ce qui fut haut est bas ! Ce qui fut bas est haut.
Alors, ce qui fut derrière ?...

LE DOCTEUR

Devant est !

LUCINDE

Et ce qui fut devant ?

LE DOCTEUR

Derrière est.

LUCINDE

Que si un amoureux s'approche vers moi, par
devant...

LE DOCTEUR

Derrière par est c'.

LUCINDE

Et s'il s'approche de moi par derrière?

LE DOCTEUR

Devant par est c'. Cheminées leurs de pointe la sur balançant se en tout intérieures cours leurs mais façades leurs non montrent qui maisons les plutôt regardez !

LUCINDE

Je ne vois pas bien les maisons à cause que j'ai l'esprit troublé. Ah ! que ma tante eut tort de me laisser ignorer le nouvel état de choses. Octave ! Octave ! Octave !

LE DOCTEUR

Je pense que la pucelle Lucinde, plus nice encore que pucelle, a bien chû dans le panneau que je lui tendis.

LUCINDE

Octave ! Octave ! Mais non. Evatco ! Evatco ! car il ne m'entendra point si je ne le nomme à l'envers.

OCTAVE

Lucinde !

LE DOCTEUR

Je me tiendrai au coin de ce mur, pour jouir de leurs ébats. Car c'est meilleure récompense que le reste de l'écu que gagna Octave au jeu de Trou-Madame-Mettez-y-les doigts.

LUCINDE

Il vous est permis d'approcher de mon devant, autant qu'il vous paraîtra agréable ! car il n'est plus le devant ; et vous pourrez tâter la boucle de ma jarretière, à moins qu'elle n'ait tourné, elle aussi.

LES MARIS CONTENTS

ou

LE STRATAGÈME D'ANGÉLIQUE ET D'ISABELLE

PERSONNAGES

GORGIBUS
CASSANDRE
OCTAVE
LÉANDRE
ANGÉLIQUE
ISABELLE

LES MARIS CONTENTS

ou

LE STRATAGÈME D'ANGÉLIQUE ET D'ISABELLE

SCÈNE PREMIÈRE

OCTAVE

Angélique !

ANGÉLIQUE

Octave !

OCTAVE

Est-ce l'heure ?

ANGÉLIQUE

Vite, vite. Cachez-vous dans la huche. Il met son habit. Dès qu'il ira en promenade...

OCTAVE

Mais s'il rentrait trop tôt ?

ANGÉLIQUE

N'ayez crainte. Ma voisine Isabelle et moi, nous avons...

LÉANDRE

Isabelle !

ISABELLE

Léandre !

LÉANDRE

Est-ce l'instant ?

ISABELLE

Vite, vite, cachez-vous dans l'armoire. Il achève de dîner. Dès qu'il sera sorti...

LÉANDRE

Mais s'il s'imaginait de revenir ?

ISABELLE

Soyez sans inquiétude ! Nous avons, ma voisine Angélique et moi...

SCÈNE DEUXIÈME

ANGÉLIQUE

Mon Dieu ! mon cher mari, que la chose que j'ai
à vous demander est donc pénible à dire, et que j'ai
grand'peur que vous n'en conceviez une fâcheuse
opinion de moi ! Car, encore que je ne sois pour rien
en cette affaire, vous pourriez être enclin à me penser peu éloignée d'imiter l'amie pour laquelle j'ai
promis de m'employer auprès de vous.

GORGIBUS

Voilà bien du brouillamini, ma femme ; vous
feriez mieux de m'expliquer à la bonne franquette
la raison pourquoi vous me retenez dans la rue,
devant la porte de notre maison.

ANGÉLIQUE

Du moins, mon cœur, mes yeux, ma vie, jurez-
moi que vous êtes bien sûr d'avoir en votre Angélique la plus honnête épouse qui soit sur toute la terre.
Ah ! ciel, la seule idée qu'un autre homme que vous
me pourrait toucher et baiser où vous seul, par le
saint sacrement de l'hyménée, avez le droit de
mettre le doigt ou la lèvre, me comble d'une telle

confusion que je dois ressembler aux tomates que j'achetai ce matin à la verdurière des Innocents !

GORGIBUS

Je sais, mon œil, mon petit bec, mon petit bouchon, que vous mourriez plutôt que de me faire tort d'une seule des friandises qui mijotent, bien sucrées, à votre petit four d'amour ! et, entre Mme Lucrèce, de Rome, et vous, de la Vallée, il y a cette différence que vous êtes bien plus vertueuse.

ANGÉLIQUE

Mille fois plus, mon cher mari !

GORGIBUS

Mais hâtez-vous de me dire ce que vous attendez de moi, car j'ai promis de joindre mon conpère Cassandre pour aller avec lui au cabaret de l'Oie-qui-a-une-épine-de-rose-au-croupion, où le vin d'Argenteuil fleure la vraie vendange.

ANGÉLIQUE

Précisément, c'est de votre compère Cassandre que je veux vous entretenir ou plutôt de sa femme Isabelle. Ah ! monsieur, que vous êtes heureux d'avoir mis dans votre lit l'honnête personne que je suis ! Isabelle, je rougis de l'avouer, est loin d'avoir les fidèles pudeurs qui sont le devoir et l'honneur de son sexe ; et, à ce moment, oui, mon mari, au moment même où je vous parle, elle n'attend que le départ de Cassandre, qui, là, en face de chez nous, achève de manger une fricassée de poulet, pour ouvrir l'armoire où elle a enfermé Léandre, lequel ne fera qu'un saut, de l'armoire dans le lit. Hélas ! que les mœurs du temps sont perverses !

GORGIBUS

Quoi ? mon compère est cocu ?

ANGÉLIQUE

S'il ne l'est déjà, il n'y tardera guère.

GORGIBUS

Vous m'en voyez, ma femme, fort réjoui !

ANGÉLIQUE

Est-il possible ? Je craignais qu'au contraire...

GORGIBUS

Angélique ! il y a lieu de distinguer entre les femmes qui font leurs maris cocus. Celles qui ont épousé des galants pas encore sexagénaires tels que moi, aimables, gracieux, d'un beau port, ne toussant et crachant que cinq ou six heures le jour et que huit ou dix heures la nuit, sont inexcusables d'enfreindre les saintes vertus du mariage ; mais, à cocufier un homme tel que Cassandre, qui a soixante et un ans pour le moins et ne saurait faire un pas sans se mettre la paume aux reins, il n'y a que peu de crime ; et mon compère, en outre, mérite son sort par la façon qu'il a de médire des plus prudes femmes du quartier. Ne s'est-il pas, l'autre jour, avisé de me donner à entendre que, dès que j'étais hors du logis, vous faisiez fête à un jeune garçon nommé Octave, en mon propre lit !

ANGÉLIQUE

Fi ! le vilain homme ! J'espère bien que vous n'avez pas cru...

GORGIBUS

Ah ! mon cher petit bec, je connais trop combien vous êtes irréprochable, et les bonnes leçons que vous reçûtes de votre mère, laquelle fut, douze ans, ravaudeuse de chemises de nuit chez une fille du monde qui ne recevait que des gens d'église.

ANGÉLIQUE

A la bonne heure ! Entendez donc ce qu'on requiert de vous. Ma voisine Isabelle me prie que, dès qu'il sortira de chez lui, vous gardiez Cassandre, soit au cabaret, soit sur la place, assez longtemps pour qu'elle ait tout le loisir de jouir en paix de son ami Léandre. C'est là, je l'avoue, un office un peu étrange...

GORGIBUS

Dont je me charge, ma femme, avec la plus grande satisfaction. Ah! ah! ah! il ne tiendra donc qu'à moi que Cassandre en ait par-dessus la tête, et je serai, le retenant plus ou moins longtemps, comme le distributeur de son cocuage.

ANGÉLIQUE

Vous l'avez dit. Mais tenez-vous un peu à l'écart (cependant que je rentre dans la maison, où j'aurai soin de la cuisine en vous attendant), car voici venir Cassandre avec sa femme Isabelle. Retardez-le, de grâce, le plus longtemps qu'il vous sera possible.

GORGIBUS

Comptez sur moi, ma femme.

CASSANDRE

En vérité, si l'on m'eût donné un sac de cent pistoles, je ne serais pas aussi aise, ma chère Isabelle,

que je le suis en ce moment. Ah ! ah ! ah ! il est
donc vrai que notre voisine Angélique en donne à
garder à mon compère Gorgibus ?

ISABELLE

Aussi vrai que possible. A cette heure même, un
nommé Octave est caché en cette maison, là, en face
de la nôtre, au fond de la huche, d'où, le mari s'en
étant allé, il s'élancera vers le lit. Mais consentirez-
vous à rendre à Isabelle le service dont, par ma
voix, elle vous prie ?

CASSANDRE

Je n'aurai garde de le lui refuser. Soit sur la
place, soit au cabaret, je tiendrai Gorgibus hors de
chez lui ; car c'est un homme digne de toutes les
mésaventures conjugales. Outre qu'il est étrangement vieux et ne saurait marcher qu'en s'aidant
d'un bâton, il a osé, l'autre jour, tenir sur vous,
oui, sur vous, ma femme, qui êtes bien la plus honnête personne du quartier des Innocents, des propos qui auraient eu de quoi m'alarmer si je n'étais
certain de votre parfaite vertu.

ISABELLE

Fi ! le vilain homme ! Mais le voici. Je rentre
afin de préparer votre souper. Retardez-le, de
grâce, le plus longtemps qu'il vous sera possible.

CASSANDRE

Comptez sur moi, ma femme.

GORGIBUS

Eh! si je ne me trompe, j'ai le plaisir de rencontrer mon compère Cassandre?

CASSANDRE

Croyez que je n'ai pas moins de plaisir à rencontrer mon compère Gorgibus.

GORGIBUS

Savez-vous bien, mon compère, que, encore que vous ayez bon visage, vous ne laissez pas que de vous faire vieux? Vous ne marchez plus avec toute la vivacité qui est le signe de la jeunesse.

CASSANDRE

Précisément, j'allais, compère, vous dire la même chose. Vous êtes, certes, en bon point. Nonobstant, il semble que si vous n'aviez pas une troisième jambe, je veux dire votre bâton, les deux autres ne vous serviraient de guère.

GORGIBUS

Par bonheur, vous êtes pourvu d'une honnête ménagère qui, encore que vous soyez bien fait pour lui inspirer le plus vif dégoût, est tout à fait incapable de faire de vous un sot.

CASSANDRE

Heureusement, votre tendresse et votre grand âge ne sauraient décider une prude femme comme est la vôtre à manquer à ses devoirs d'épouse.

GORGIBUS

Que j'eus tort, l'autre jour, de dire de méchantes facéties à propos de Mme Isabelle !

CASSANDRE

Que je regrette de vous avoir rapporté de méchants bruits touchant Mme Angélique !

GORGIBUS

Vous êtes de ceux qui peuvent rester longtemps hors du logis sans craindre qu'un galant ne les y remplace, avec avantage, — pas pour eux, — pour leurs femmes !

CASSANDRE

Vous n'êtes pas de ceux à qui peut arriver qu'un amant mette à profit le temps de leur absence, pour défaire leur lit !

GORGIBUS

Si l'on vous disait qu'un jeune garçon, appelé, par exemple, Léandre...

CASSANDRE

Si l'on vous disait qu'un coureur de guilledou appelé, par exemple, Octave...

GORGIBUS

S'est caché dans votre armoire...

CASSANDRE

S'est caché dans votre huche...

GORGIBUS

Pour guetter le moment...

CASSANDRE

Pour guetter l'heure...

GORGIBUS

Où il aurait tout le loisir...

CASSANDRE

Où il aurait toute la facilité...

GORGIBUS

De vous faire cocu...

CASSANDRE

De vous faire cocu...

GORGIBUS

Vous n'en croiriez pas un mot...

CASSANDRE

Vous auriez bien garde d'en rien croire !...

GORGIBUS

Même si ce galant s'appelait Léandre.

CASSANDRE

Même si cet amant s'appelait Octave.

GORGIBUS

Léandre ! Vous ne le connaissez même pas.

CASSANDRE

Octave ! Vous n'en avez jamais entendu parler.

GORGIBUS

Ah ! ah ! ah ! ah !

CASSANDRE

Ah ! ah ! ah ! ah !

GORGIBUS

Et c'est sans aucune appréhension qu'il soit arrivé quelque chose de dommageable à votre honneur...

CASSANDRE

C'est sans nulle épouvante d'un pressentiment de cornes vous poussant au front...

GORGIBUS

Que vous resteriez dehors beaucoup plus longtemps que de coutume.

CASSANDRE

Que vous vous attarderiez à vous entretenir avec vos amis.

GORGIBUS

Car vous n'avez rien à craindre !

CASSANDRE

Car vous êtes absolument tranquille !

GORGIBUS

Ah ! ah ! ah ! ah !

CASSANDRE

Ah ! ah ! ah ! ah !

GORGIBUS

Eh bien ! puisque rien ne vous hâte...

CASSANDRE

Puisque rien ne vous presse...

GORGIBUS

Que n'allons-nous boire un pichet de vin d'Argenteuil, comme il était convenu ?...

CASSANDRE

Au cabaret de l'Oie-qui-a-une-épine-de-rose-au croupion.

GORGIBUS

Car vous n'avez aucun motif de rentrer chez vous?

CASSANDRE

Ni vous, je pense, de retourner au logis?

GORGIBUS

Mais quoi! est-il bien nécessaire de s'attabler au cabaret?

CASSANDRE

Je ne vois pas que cela soit indispensable.

GORGIBUS

Pourvu que vous consentiez à demeurer longtemps avec moi...

CASSANDRE

Pourvu que ma compagnie vous retienne aussi longtemps qu'il se pourra...

GORGIBUS

Il n'y a rien à demander de mieux.

CASSANDRE

Je suis absolument satisfait.

11.

GORGIBUS

Ah! ah! ah! ah!

CASSANDRE

Ah! ah! ah! ah!

GORGIBUS

Restons ensemble, n'importe où.

CASSANDRE

Ne nous quittons pas!

GORGIBUS

N'est-il pas fort aimable...

CASSANDRE

N'est-il pas agréable...

GORGIBUS

De prendre le frais...

CASSANDRE

De se promener à l'aise...

GORGIBUS

En causant avec son compère...

CASSANDRE

En devisant avec son compère...

GORGIBUS

Devant la maison...

CASSANDRE

Devant la maison...

GORGIBUS

Où l'on est attendu par son Isabelle !

CASSANDRE

Où vous attend votre Angélique !

GORGIBUS

Tenez, compère, dites-le-moi, qu'est-ce que vous croyez qu'elle fait en ce moment, votre femme ?

CASSANDRE

Elle me prépare mon souper. Je crois que ce sera un restant d'oie aux pistaches.

GORGIBUS

Ah! ah! ah! ah!

CASSANDRE

Et qu'est-ce qu'elle fait, votre femme, à cette heure ?

GORGIBUS

Elle fait mijoter le veau dans la casserole.

CASSANDRE

Ah ! ah ! ah ! ah !

GORGIBUS

Pourtant, ne nous quittons pas !

CASSANDRE

Non, ne nous quittons pas !

GORGIBUS

Le veau ne serait pas cuit.

CASSANDRE

L'oie aux pistaches demande à être très rissolée.

GORGIBUS

Je vous en prie, compère Cassandre !

CASSANDRE

Je vous en supplie, compère Gorgibus !

GORGIBUS

Restez ici.

CASSANDRE

Restez ici.

GORGIBUS

Ne vous en allez pas.

CASSANDRE

Ne vous en allez pas.

GORGIBUS

Compère (j'ai peur que Léandre n'ait pas achevé),
compère !

CASSANDRE

Compère (j'ai peur qu'Octave n'ait pas fini),
compère !

GORGIBUS

Vous avez bien le temps de rentrer chez vous !

CASSANDRE

Vous avez bien le temps de rentrer chez vous !

GORGIBUS

Oh! Léandre! il sort! il se glisse! il longe les murs! il disparaît!

CASSANDRE

Oh! Octave! il s'échappe! il longe la muraille! il s'évanouit !

GORGIBUS

Ne l'ai-je pas interrompu?

CASSANDRE

Lui ai-je laissé le temps d'achever son triomphe?

GORGIBUS

Cassandre est-il incontestablement cocu ?

CASSANDRE

Cocu, Gorgibus l'est-il irrémédiablement?

GORGIBUS

Les choses, de toute façon, ont dû aller assez loin. Ils ont eu le temps.

CASSANDRE

Je ne pense pas qu'il doive manquer grand'chose
à l'accomplissement total, s'ils y ont mis quelque
hâte.

SCÈNE TROISIÈME

ANGÉLIQUE

Ah! mon petit mari, que vous êtes resté longtemps, ce soir, au cabaret de l'Oie-qui-a-une-épine-
de-rose-au-croupion. Je pense que c'est encore votre
compère Cassandre qui vous a mis en retard?

GORGIBUS

Ah! petit bec, le pauvre homme! Non, est-il bête!
Est-il bête!

ANGÉLIQUE

Chut! chut! il faut être discret! Viens, mon petit
œil. Allons souper.

ISABELLE

Ah! mon mari, c'est encore cet ivrogne de Gorgibus qui vous a gardé jusqu'au soir au cabaret de
l'Oie-qui-a-une-épine-de-rose-au-croupion; et si je

vous trompais, pendant que vous êtes dehors ? Mais je suis une honnête femme comme Angélique !

GORGIBUS

Bonsoir, compère !

CASSANDRE

Bonsoir, compère !

GORGIBUS ET CASSANDRE

Ah ! ah ! ah ! ah ! ah ! ah !

LA FEMME QU'ON CRUT NOYÉE

ET QUI NE L'ÉTAIT PAS

PERSONNAGES

GORGIBUS
LE DOCTEUR
LE SAVETIER
LA BELLE DU COIN
LA BOULANGÈRE
LA BOUCHÈRE
PERNETTE
LES GENS DU QUARTIER

LA FEMME QU'ON CRUT NOYÉE

ET QUI NE L'ÉTAIT PAS

GORGIBUS

Aïe ! aïe ! aïe ! Mon petit œil ! ma petite oreille !
ma petite narine ! ma petite bouchette ! Berni, berna,
bernette, mignonne Pernette qui me soufflais au museau une si douce haleine que je la pensais de rose
neuve ou d'oignon cru, et me faisais partout de si me-
nues et malignes chatouilles que j'en bondissais et
m'en trémoussais à enfoncer le lit ! voici que, pour
la première fois de ta vie, tu as voulu boire un coup,
non pas de vin. Et tu t'es noyée. C'est un malheur
dont je ne me consolerai jamais, néanmoins que tu
fusses, à dire vrai, la plus insupportable pécore qui
ait jamais troussé saint Pierre au gré du Pape ! Mais
possible qu'elle ne soit pas encore gonflée à crever.
Çà, çà, tous, les uns, les autres, et ceux-ci, et ceux-
là, et les mâles par devant, et les femelles par der-

rière, et les droits, et les tors, et les bossus aussi, accourez par ici, s'il vous plaît. Car, comme est vrai que je fus cocu avant la noce, ma femme vient de se jeter dans la rivière qui est là ; et il n'est que temps de la tirer de l'eau.

LE SAVETIER

Eh ! compère, elle attendra bien que j'aie fiché un cent de chevilles dans les douze semelles que voilà.

GORGIBUS

Patience n'était pas son lot. Un demi-cent suffirait peut-être, et vous y auriez bénéfice.

LA BOULANGÈRE

Laissez que les galettes soient bien dorées et j'accours sans retard.

GORGIBUS

Il est vrai que, peu cuites, elles ne valent rien. Vous m'en garderez deux, d'un liard l'une, bien feuilletées, pour mon souper de ce soir.

LA BELLE DU COIN

Il y a des gens qui ont autant de peine à finir qu'ils en ont eu à commencer ! Mais, dès que j'aurai expédié celui-ci, je descends, en renouant mes jarretières.

GORGIBUS

Je vous prie le vite expédier, comme vous dites ; encore que j'aie remords d'abréger le plaisir du prochain. Cependant, voici que viennent en foule les gens du quartier ; et, avec eux, il y a le docteur. J'éprouve un contentement non dépourvu de fierté. Car, sûrement, ce n'est point pour tirer une femme de l'eau qu'ils montrent tant de zèle ; leur empressement est un effet de l'estime que j'ai su inspirer depuis vingt ans que, marchand d'épices et de dragées, je débite cassonade pour miel et vends le sucre à faux poids.

LES GENS DU QUARTIER

Nous voici ! nous voici ! Où est-ce qu'elle s'est noyée ? Ah ! ah ! on va voir ! Nous sommes de braves gens ! et, s'il suffit d'un bon coup de main...

GORGIBUS

Je pense qu'il faudrait d'abord...

LE DOCTEUR

Vous avez tort de penser cela... Ce qu'il faut d'abord, c'est agir avec circonspection ; rien ne s'achève bien

12.

qui ne fût longtemps prémédité. Ignorez-vous ce que l'histoire conte du célèbre Lucius Quinctius Cincinnatus, consul de Rome, qui, pour avoir su prendre son temps, sauva sa patrie ?

GORGIBUS

Peut-être que sa patrie n'était pas à six pieds au-dessous du niveau de la rivière.

LE DOCTEUR

Et qui vous dit que votre femme soit précisément à cette distance de la surface de l'eau ? Vous êtes étrangement présomptueux de l'affirmer sans preuve valable ! Quoi qu'il en soit, le certain, c'est que nulle action humaine, si elle prétend être efficace, ne doit être prématurée.

LES GENS DU QUARTIER

Le docteur a raison.

GORGIBUS

Je n'aurais garde de contredire à l'opinion d'un si savant personnage.

LE DOCTEUR

Donc, usons de sage méthode. Comment fut dénommée votre femme, seigneur Gorgibus ?

GORGIBUS

Pernette.

LE DOCTEUR

J'accorde que c'est un joli nom. Je préfère celui
d'Arthémidore que je donnai à ma fille. Mais « Pernette » est bien.

LE SAVETIER

Révérence due, monsieur le docteur, j'aime mieux :
Flipote Bacu. C'est la servante qui me fait le
lit.

LE DOCTEUR

Votre opinion est soutenable. Mais suivons, car
prendre temps ne signifie pas qu'il le faille perdre.
Seigneur Gorgibus, quel âge a votre femme ?

GORGIBUS

Vingt-six ans.

LE DOCTEUR

En êtes-vous assuré ?

GORGIBUS

Cent fois elle me l'a dit.

LE DOCTEUR

Telle preuve n'est point parfaite ; il arrive fréquemment que les dames se plaisent à soustraire quelques ans du total de leur âge ; c'est sans doute pour en user une seconde fois.

LES HOMMES DU QUARTIER

Ah ! ah ! ah ! ah !

LES FEMMES DU QUARTIER

Hi ! hi ! hi ! hi !

LE DOCTEUR

Mettons trente ans et poursuivons notre enquête. Voici, seigneur Gorgibus, une question très grave : quel est le sexe de votre femme ?

GORGIBUS

Hein ?

LE DOCTEUR

Je vous demande quel est le sexe de votre femme.

GORGIBUS

Mais, sabrenom-de-Dieu ! puisque je couche avec elle !...

LE DOCTEUR

Probabilité ! indice ! non certitude.

GORGIBUS

Eh bien, elle est femelle. Tout le monde vous le
peut dire comme moi.

LES HOMMES DU QUARTIER

Femelle ! oui, oui ! Femelle ! femelle !

LE DOCTEUR

A la bonne heure ! L'universalité des témoignages
ne permet de conserver que peu de doutes. Ah ! la
belle chose que la méthode ! Voyez, en quelques ins-
tants, nous avons déjà appris que Mme Gorgibus
s'appelle Pernette, qu'elle a trente ans et qu'elle est
femme.

GORGIBUS

Au train dont vous allez et au train dont va l'eau,
je pense que vous ne serez pas à Passy quand ma
femme sera depuis longtemps à Rouen !

LE DOCTEUR

J'ai pitié de votre conjugale angoisse. Vous dites
donc, seigneur Gorgibus, que votre femme qui se

nomme Pernette, qui a trente ans et qui est femme, s'est jetée dans la rivière ?

GORGIBUS

Oui.

LE DOCTEUR

Bon ! dans quelle rivière ?

GORGIBUS

Dans celle-ci.

LE DOCTEUR

Bien. Qu'on appelle ?

GORGIBUS

La Seine.

LE DOCTEUR

Vous errez. La Seine n'est point rivière, mais fleuve. A vrai dire, je suis enclin à penser que la différence n'est pas d'un intérêt capital. Et quand, je vous prie, Mme Gorgibus se précipita-t-elle dans la Seine, qui est un fleuve et non une rivière ?

GORGIBUS

Il y avait quelques minutes quand je vous requis; à présent il y a bien une heure.

LE DOCTEUR

Le temps ne fait rien à l'affaire. Et à quel propos se jeta-t-elle ?

GORGIBUS

Voici : comme nous achevions de déjeuner...

LE DOCTEUR

Attendez ! Dites-nous d'abord ce que vous mangeâtes à déjeuner.

GORGIBUS

Mais il n'importe...

LE DOCTEUR

Il importe plus que vous ne croyez ! La nature des mets influe étrangement sur les esprits animaux ; et de ce que votre femme mangea, on pourrait conclure si sa résolution de se noyer fut due à une personnelle propension ou à un état accidentel.

GORGIBUS

Sachez donc qu'elle mangea du boudin de marcassin avec des navets au jus.

LE DOCTEUR

Le boudin, lourd, peut suggérer la pensée d'aller au fond ; navet, qui vient de *navis*, éveille la pensée des voyages marins ou fluviaux. Cependant continuez. Après le repas ?...

GORGIBUS

Après le repas, Pernette se fit brave pour s'en aller en ville.

LE DOCTEUR

C'est donc que vous avez voulu me décevoir ? Puisqu'elle voulait aller en ville, elle ne voulait point aller en Seine.

GORGIBUS

Attendez à votre tour ! Je devinai bien vite que, si elle se vêtait de ses plus belles fanfreluches, c'était pour faire visite au seigneur Liandre.

LES GENS DU QUARTIER

Ah ! ah ! ah ! ah !

LE DOCTEUR

Quel est cet homme appelé Liandre ?

GORGIBUS

Un galant qui fleure la bergamote et n'a d'autre
souci que mettre à mal le cœur des femmes et la
bourse des maris !

LES HOMMES DU QUARTIER

Un rien-qui-vaille !

LES FEMMES DU QUARTIER

Un qui-vaut-tout !

LES HOMMES DU QUARTIER

Qui n'est bon à rien !

LES FEMMES DU QUARTIER

Ah ! que si !

LES HOMMES DU QUARTIER

Un fainéant !

LES FEMMES DU QUARTIER

Ah ! que non !

LES HOMMES DU QUARTIER

Qui ne fait rien de ses mains !

LES FEMMES DU QUARTIER

Ah ! que si !

LES HOMMES DU QUARTIER

Qui a été aux galères !

LES FEMMES DU QUARTIER

Qui mène au Paradis !

LE DOCTEUR

Je pense que je le connais. C'est lui qui me fit cocu l'autre semaine.

GORGIBUS

Comme vous pensez, j'ordonnai à Pernette de ne point grouiller de la maison. « Ah ! c'est comme cela, dit-elle ; eh bien, je vais me flanquer dans la rivière ! »

LE DOCTEUR

Dans le fleuve.

GORGIBUS

Elle s'échappa, dégringola l'escalier. Je la suivais, non sans quelque souci. Elle était bien personne à faire comme elle avait dit ; les femmes sont capables de tout, même de se nuire, pour faire pièce à leurs maris. Sur la place, je pensai la rejoindre ; mais elle enfila la longue rue qui mène à la... au fleuve. Elle allait si vite que je la perdis de vue ; et ma pauvre Pernette s'est noyée.

LE DOCTEUR

Ceci étant enfin bien et dûment établi, qui nous empêcherait maintenant d'agir avec une prudente hâte ? D'ordinaire, pour tirer d'embarras les personnes qui se noient, on recourt à des gens qui ont appris à nager. Je pourrais vous citer maint exemple où d'habiles et courageux sauveteurs...

LA BOUCHÈRE

Mon chien était extraordinaire. Dès qu'il voyait quelqu'un tomber dans l'eau, il s'y jetait, fût-ce du haut du pont, et, s'il ne ramenait pas le noyé, il en rapportait toujours un morceau.

LE DOCTEUR

On le pourrait employer en l'occasion présente.

LA BOUCHÈRE

La famine de l'autre hiver, j'en fis des côtelettes
que je vendis comme viande d'agneau.

LE DOCTEUR

A défaut de bêtes, les hommes peuvent se préci-
piter généreusement...

LES GENS DU QUARTIER

Ah! qui sait ce qui se passe dans ma boutique
durant que je suis ici? — Bien sûr j'ai perdu la vente
de dix aunes de drap! — On ne peut pas sacrifier ses
intérêts pour venir en aide au prochain.

LE DOCTEUR

Il arrive aussi que l'on sauve les gens en leur
jetant une corde.

LES GENS DU QUARTIER

Oui! oui! une corde! Voilà! le docteur a raison!
une corde! jetons une corde! Mais qui a une corde?

Il faut trouver une corde! C'est étonnant, nous n'avons pas de corde!

LE DOCTEUR

Ne vous désespérez point. Si vous n'avez point de corde, il n'est pas malaisé d'en faire une. La science nous apprend qu'une corde est un tortis fait de matière textile. Or la matière textile, qui le plus communément est du chanvre, n'est point chose très rare; et les adroits tisserands abondent; tout permet donc d'espérer qu'avant deux ou trois heures...

GORGIBUS

Hi! hi! Ma pauvre femme! ma pauvre femme! C'en est bien fini d'elle, et de moi. Au lieu de lui porter secours, ils ont passé des heures en paroles! Et me voilà veuf! Aïe! aïe! aïe! mon petit œil! ma petite oreille, ma petite narine! ma petite bouchette! Berni, berna, bernette! mignonne Pernette! Je ne me consolerai jamais! Non! non! non! Mais... mais... Ciel! voyez! là-bas! voyez! voyez donc!

LE DOCTEUR ET LA FOULE

Quoi? Qu'est-ce? Quoi? quoi?

GORGIBUS

A l'autre bout de la rue ! C'est elle ! Elle vient !
C'est ma femme. Et elle rit, et elle fait la pavane en
ses beaux atours, encore qu'elle ait la jupe étrangement fripée et les cheveux pareils à une gerbe
ébouriffée du vent ! Elle ne s'est pas noyée !

LES GENS DU QUARTIER

Ah ! ah ! ah ! ah !

PERNETTE

Bon ! Me noyer, je n'en eus garde ! Ma fuite ne
fut qu'adroite ruse. Comme tu me courais après,
j'eus soin de disparaître dans la ruelle près de l'eau ;
et ce n'est point chez les poissons qu'on va quand
on est faite comme je suis.

LES GENS DU QUARTIER

Ah ! ah ! ah ! ah !

GORBIBUS

Carogne ! moi qui croyais que tu étais dans le lit...

PERNETTE

Eh ! oui !

GORGIBUS

De la rivière !

LE DOCTEUR

Du fleuve.

PERNETTE

Eh ! non, bête... de Liandre !

PARAPILA

ou

LE MARCHAND DE ...

Farce pas nouvelle
et nouvelle
telle qu'elle fut jouée
en une salle toute ors et fleurs
devant
Son Altesse royale l'archiduchesse Impéria
née Rosalinde.

PERSONNAGES

PARAPILA
ISABELLE
GORGIBUS
LÉANDRE
LE MARCHAND DE ...

PARAPILA

ou

LE MARCHAND DE ...

———————

GORGIBUS

Ah ! c'est une chose bien certaine que, garce comme elle est, et connue pour telle dans le quartier, jamais je ne réussirai à trouver un époux pour ma fille Isabelle — pourtant, j'épousai sa mère qui ne valait pas mieux qu'elle ; mais, en ce temps, les honnêtes gens se résignaient à admettre que l'état de mariage n'allât pas sans celui de cocuage, ou, pour mieux dire encore, qu'un mari qui n'eût été cocu n'eût été mari qu'à demi — jamais, dis-je, je ne réussirai à trouver un époux pour ma fille si je ne la dote richement. Mais, le moyen ? Puisque mon commerce de vendeur d'yeux de chat pour personnes qui aiment à y voir clair la nuit n'a plus de chalands à cause que, par ordre du roi, toutes les pucelles qui ne le sont plus sont tenues, dès le crépuscule du soir, d'avoir une petite lanterne pendue au nombril — toute la ville en est illuminée! — il me faudrait inventer quelque autre métier d'où je tirerais d'honnêtes bénéfices. Mais quel est cet homme tout habillé d'or et de pierreries qui vient sur la place? Sûrement, c'est quelque prince qui prend le frais.

LE MARCHAND DE...

Pa! pa! ra! ra! pi! pi! la! la! pa! pa! pa! ra! ra! ra! pi! pi! pi! la! la! la! pa! pa! pa! pa! ra! ra! ra! ra! pi! pi! pi! pi!...

GORGIBUS

Comme vous vous égosillez, monseigneur!

LE MARCHAND DE...

C'est que je crie ma marchandise.

GORGIBUS

Quoi! vous n'êtes point — comme je croyais, voyant vos fastueux habits — un fils de roi ou d'empereur?

LE MARCHAND DE...

Non point ! Mais je ne troquerais pas mon sort pour celui des gens que vous dites, car j'ai, par mon industrie, acquis plus de richesses qu'il n'y en a dans les coffres des plus grands monarques de la terre.

GORGIBUS

Ah ! que voilà bien le commerce qu'il me faudrait. Mais qu'est-ce donc que vous vendez ?

LE MARCHAND DE...

A vrai dire, je ne vends pas, je loue.

GORGIBUS

Vous louez ?

LE MARCHAND DE...

Oui.

GORGIBUS

A qui ?

LE MARCHAND DE...

A toutes les femmes de la terre : reines, non-nains, duchesses ou verdurières. Pas une qui ne se hâte d'accourir aux fenêtres quand je passe, en

criant : « Pa ! pa ! ra ! ra ! pi ! pi ! la ! la ! » et, selon
qu'elles me donnent plus ou moins de monnaies
d'or...

GORGIBUS

De monnaies d'or !

LE MARCHAND DE...

... je leur laisse plus ou moins longtemps l'objet
dont elles sont friandes. D'ailleurs elles ne s'en
séparent, après le temps convenu, qu'en soupirant,
ayant eu tant d'aise que celle même qui paye très
cher jure qu'elle me redoit. Déjà j'ai pu acheter
quatre châteaux, une douzaine de maisons, et j'ai,
pour mes promenades, un petit âne tout caparaçonné
de vermeil, qui a pris l'habitude de ne manger son
avoine que dans une écuelle de porphyre incrustée
de rubis.

GORGIBUS

Vertuchoux ! Mais comment se nomme l'objet
dont vous faites commerce ?

LE MARCHAND DE...

N'avez-vous pas entendu ce que je crie ? C'est l'a-
rapila qu'il se nomme.

GORGIBUS

Je n'entends rien à ce nom.

LE MARCHAND DE...

Parce que vous ne savez point le grec.

GORGIBUS

C'est quelque chose qui se mange, puisque vous
avez dit que les femmes en sont friandes?

LE MARCHAND DE...

Il peut advenir qu'on le mange, il peut advenir
aussi qu'on ne le mange point, et qu'on en use d'une
autre façon plus conforme aux anciennes coutumes.
Mai cela dépend du caprice des dames, auquel
toutes choses sont soumises.

GORGIBUS

Et ce... Parapila... comment l'eûtes-vous, je vous
prie?

LE MARCHAND DE...

S'il vous en faut conter l'histoire, apprenez qu'en
mon jeune âge je fus novice au couvent des Céles-
tins d'Avignon. Ah ! lorsque c'était le printemps et

que je vis, la veille, grimpé au mur, passer les
jambes nues des lavandières, combien j'avais de
tendres pensées en bêchant, selon ma fonction, le
jardin des Pères! Pour si fier que fût mon jeune
cœur viril, il ne pouvait point ne pas s'amollir enfin,
et je le sentais fondre en laiteuse douceur vers les
petites fleurettes du parterre.

GORGIBUS

Votre cœur?

LE MARCHAND DE...

N'en doutez point. Or, une fois qu'il avait fondu au
delà de l'imaginable, je vis un ange à côté de moi, car
les anges ne dédaignent pas de venir faire visite
aux moines, et il me dit : « Frère Roderic (c'était mon
nom), je vous pourrais punir de votre inclination
aux tendresses humaines, mais je suis en humeur
de clémence et, loin de vous châtier, je veux faire
votre fortune ». Et l'ange ajouta en bénissant solen-
nellement les fleurettes du parterre : « Frère Roderic, PUISQUE VOUS EN AVEZ SEMÉ, IL EN POUSSERA ».

GORGIBUS

Il en poussa?

LE MARCHAND DE...

Vous le pouvez jurer ! Ce qui s'est épanoui, je l'ai là, dans cette corbeille d'or, sous des jasmins et des roses.

GORGIBUS

Ne pourrais-je le voir ?

LE MARCHAND DE...

A parler franc, vous ne démêleriez rien — ou presque rien — entre les feuilles et les fleurs. C'est une étrange nature que celle-ci. Que si un homme le regarde, il se dérobe, s'évanouit presque, a l'air d'être si peu de chose. Mais dès qu'une femme s'y intéresse, il érige la fierté d'un jeune duc Thésée, vainqueur des Amazones ! Cependant, ne m'attardez point davantage. Je promis de me rendre, en ce seul matin, chez l'impératrice des Indes, chez l'abbesse des Clarisses de Ménilmontant, chez une centaine de bourgeoises et chez les trois filles du pape. Je ne parle pas des chalandes imprévues qui m'arrêteront en route. Au revoir ! au revoir. Pa ! pa ! ra ! ra ! pi ! pi ! la ! la !

Cependant, de la salle toute ors et fleurs, en sa loge faite d'une charmille, assise entre sa cousine Cœlie et Jacques le Mélancolique,

ROSALINDE

Monsieur le poète !

LE POÈTE

Votre Altesse me réclame ?

ROSALINDE

Ne pensez point que ce soit pour vous féliciter, car depuis que je vous confiai la mission de rénover le Théâtre de la Foire en mon palais de rêve, d'où l'on voit à travers des vitres roses remuer, pleine de beaux lions et de murmurants rossignols, la forêt des Ardennes, vous avez trahi ma confiance bien au delà même de ce que pouvait me faire craindre votre exécrable renommée. Quoi ! ne vous êtes-vous pas avisé de faire tenir à vos comédiennes les plus éhontés propos ? et vos Léandres ont été aux galères avec des gens bien mal élevés.

LE POÈTE

C'était avant les affaires de chantage.

ROSALINDE

Tout dernièrement, ne vous êtes-vous pas avisé de faire parler des personnages qui, répudiant même le respect que l'on doit à l'un de nos plus éminents professeurs de littérature, dialoguaient impertinemment des lunettes que l'on porte sur le derrière ?

LE POÈTE

Votre Altesse tint de bien plus gras propos dans une causerie avec sa cousine Cœlie, le jour où le plus jeune fils de sire Roland des Bois...

ROSALINDE

Je n'étais alors que princesse de féerie ! Mais voici que j'épousai un archiduc d'Autriche, cousin du roi de Thuringe, et je ne saurais souffrir que l'on parle de derrière.

LE POÈTE

Quoi ! n'en avez-vous point ?

ROSALINDE

Le plus beau du monde ! Mais je le cache.

LE POÈTE

Ah ! que vous avez tort !

ROSALINDE

Cependant, je vous eusse peut-être pardonné tant d'incongruités, car vous aviez cette excuse que

les parades de la foire abusaient des plus grossières
audaces, et vous deviez vous conformer au modèle
qui vous fut désigné. Mais aujourd'hui, véritablement, vous dépassez toute mesure. Vous pensez
bien que je n'ai pas deviné du tout ce que c'est que
Parapila ! Jacques le Mélancolique, qui est très let-
tré, pense qu'il vit ce nom dans il ne sait plus quel
poème du temps passé ; le certain, c'est que je
n'ai aucune idée de l'emploi auquel cette chose peut
servir. Vous me tueriez avant de me faire avouer que
je sais à quoi elle peut servir. Un instinct cependant m'avertit que vous vous êtes montré aussi im-
pudent que possible ; et une telle témérité ne saurait être plus longtemps tolérée. Quoi, n'auriez-
vous pas dû, par d'adroits stratagèmes poétiques,
accommoder le Théâtre de la Foire aux délicatesses
des personnes qui vous font l'honneur de vous écou-
ter ? Ah ! j'attendais de vous des parades chez Wat-
teau et des marivaudages d'anges.

LE POÈTE

Votre Altesse n'a-t-elle pas remarqué que, pré-
voyant ses désirs, j'introduisis un ange, précisément, dans la nouvelle comédie ?

ROSALINDE

Il remplit un bel office, votre ange !

LE POÈTE

Ah ! madame, la consolation des solitudes est le
plus pieux devoir des Immortels ! Cependant, sen-
sible à vos reproches, je veux, par un trait de génie,
transformer ma parade ; et je pense que vous n'aurez rien à dire contre les personnages qu'elle fera
vivre devant vous.

PARAPILA

ou

LE MARCHAND DE...

Personnages : PARAPILA
               DIEU LE PÈRE
               SAINTE MADELEINE
               SAINT JEAN
               LE MARCHAND DE...

DIEU LE PÈRE

Je ne puis pas me dissimuler que, depuis
un temps, les célestes mariages entre les élus et
les élues deviennent de moins en moins fréquents.
On dirait que les divins amants ne prennent
plus plaisir à se baiser sur l'éternel azur qui
est leurs yeux, ni sur les aurores qui sont
leurs bouches. J'ai peut-être eu tort de leur retirer
toute matérialité. Les hymens d'âmes gardent peut-

être quelque chose d'inassouvi. Les plus pures saintes poussent des soupirs à fendre le cœur des plus austères anachorètes ; et, pour ce qui est de sainte Madeleine, elle s'ennuie à faire pitié. Il y a une petite nonnain qui nous vint hier de la terre ; j'aurais voulu la marier avec un novice arrivé l'autre semaine d'un monastère de la Norvège, qui est un pays froid. Ils n'ont pas l'air du tout de se soucier des fiançailles. Ils donnent pour raison qu'il n'y a pas lieu de se marier quand on n'a que des ailes. Il serait urgent de trouver quelque moyen d'inciter aux hymens les hôtes du ciel, car je crains de plus en plus la dépopulation paradisiaque. Mais pourquoi donc accourent à la fois vers ici toutes les bienheureuses, toutes les saintes et toutes les pures femelles de l'éternel séjour ? Comme elles s'empressent ! comme elles se hâtent ! Je ne leur vis jamais une pareille ardeur ni une telle joie.

LE MARCHAND DE...

Pa ! pa ! ra ! ra ! pi ! pi ! la ! la ! pa ! pa ! pa ! ra ! ra ! ra ! pi ! pi ! pi ! la ! la ! la ! pa ! pa ! pa ! pa ! ra ! ra ! ra ! ra ! pi ! pi ! pi ! pi ! la ! la ! la ! la ! pa ! ra ! pi !...

Cependant, de la salle toute ors et fleurs, en sa loge faite d'une charmille, assise entre sa cousine Cœlie et Jacques le Mélancolique,

ROSALINDE

Monsieur le poète !

LE POÈTE

Votre Altesse me réclame ?

ROSALINDE

Voilà qui est pis encore ! et à l'impertinence vous joignez le sacrilège. Vous ne ferez jamais croire à des personnes bien nées que le cri saugrenu d'un marchand de je ne sais quoi peut troubler les délicieuses âmes heureuses ! Et, en un mot, il est impossible de penser qu'il y a un parapila dans le ciel.

LE POÈTE

Il y en a cependant, — comme vous venez de le voir.

ROSALINDE

Chimère !

LE POÈTE

Réalité ! Seulement, d'autant que les roses du ciel sont plus belles que les roses de la terre, le parapila du Paradis est plus magnifique, plus exquis, plus superbe, plus énorme que celui de la terre. Mais, miraculeux, il existe. Car, sans cela...

ROSALINDE

Sans cela...

LE POÈTE

Sans cela, Altesse, comment expliqueriez-vous...
la Voie lactée ?

LIBITINE

ou

L'EMBARRAS DE CASSANDRE

QUI NE SAIT COMMENT PORTER LE DEUIL DE SA FEMME

PERSONNAGES

LIBITINE
CASSANDRE
L'ESPAGNOL
LE CHINOIS
L'ÉGYPTIENNE
LA FIGURE BLANCHE
UN JUIF LEVANTIN

LIBITINE

ou

L'EMBARRAS DE CASSANDRE

QUI NE SAIT COMMENT PORTER LE DEUIL DE SA FEMME

CASSANDRE

Serait-ce que je suis ivre? Eh! eh! il y aurait de quoi, car je bus passablement. Cependant, pour si satisfait que je sois d'avoir enterré tout à l'heure ma femme Jacqueline, qui était bien la plus fieffée paillarde de cette ville et même de tout le globe terraqué (une fois que, ayant trouvé, de soir, en m'approchant de notre lit, un galant dessus, un galant dessous, un galant devant, un galant derrière, je demandai à l'honnête femelle : « C'est bien tout, j'imagine. — Mais non, répondit-elle, il y en a deux encore : l'un dans le bahut, l'autre dans le coffre, qui attendent que ceux-ci soient contents! »), cependant la décence m'ordonne de porter le deuil, en signe et heureuse commémoration de mon récent veuvage ; et la prudence ne me le recommande pas moins, car les commères du quartier n'ont point manqué, je l'appris, de jaser à propos de la grande quantité de persil que j'achetai au marché durant la maladie de Jacqueline ; encore que le persil ne soit ciguë qu'aux perroquets, et que ce n'est point ma faute si, à force de jacasser sans fin ni trêve, ma femme était devenue une manière de perruche. Porte donc le deuil, honnête et adroit Cassandre, afin que la justice ne se mêle point de tes affaires. Il y a des gens qui font métier de tirer de terre les cadavres pour y chercher, en les entrailles, les traces de quelque digestion nocive ; et cela me causerait un vif chagrin que l'on dérangeât Jacqueline, en son dernier thalame, du repos qu'elle a si bien gagné par ses agitations sur tant d'autres paillasses. Mais, pour ce qui est de me vêtir de noir, les deux bouteilles de vin d'Anjou que je vidai dans le cabaret qui a pour enseigne : « A la Vue du Cimetière », m'en ont tout à fait ôté l'envie. Je voudrais porter le deuil non sans quelque air de gaieté en accord avec l'état de mon âme. J'ai pensé à m'habiller de jaune ! ce serait un trop manifeste deuil de cocu. Je suis donc venu sur cette place, voisine d'un port de mer où abondent les personnes de tous les pays du monde ; je les interrogerai quant aux diverses façons de s'endeuiller qui se pratiquent en les différentes contrées, et je choisirai la

mode qui me semblera la plus facile et la plus
agréable. Eh ! voici justement un Espagnol de fort bon
air avec son chapeau où il y a une fourchette et une
cuiller, et son habit tout passementé. Señor, si vous
êtes de loisir, consentez, de grâce, à me renseigner.

L'ESPAGNOL

Dermadelastegodiguga !

CASSANDRE

Oh ! oh ! Vous me dites, sans doute...

L'ESPAGNOL

Ella discogimientelota feran.

CASSANDRE

Que vous n'entendez pas le français ?

UN JUIF LEVANTIN

En effet, Excellence, ce gentilhomme castillan vous
exprime qu'il n'est pas encore initié aux beautés du
langage en usage à la cour du roi Louis XV et
autour de la fontaine des Innocents, et que, par
suite, il ne saurait répondre à vos questions ; mais
il ajoute qu'il vous suffira de lui offrir au cabaret

que voici une bouteille d'un vin de son pays, alicante, malaga ou amontillado, et d'en boire vous-même un verre, pour comprendre tout ce qu'il vous dira.

CASSANDRE

Tant de choses en si peu de mots ! C'est une belle langue que l'espagnol.

LE JUIF LEVANTIN

Presque aussi belle que le turc.

CASSANDRE

Allons, servante, une bouteille d'alicante, avec trois verres. Ce qui me plaît dans cette taverne, c'est qu'on est tôt servi, et le vin y est fort bon.

L'ESPAGNOL

Excellent ! Que puis-je pour votre service, Excellence !

CASSANDRE

Voilà qui est merveilleux. A peine ai-je bu quelques gouttes d'alicante que je comprends l'espagnol ! J'aurais peine à croire qu'une telle chose fût possible si je ne l'éprouvais pas moi-même. Mais

venons au fait. Vous plaît-il de me dire, señor,
quelle est, en votre pays, la coutume...

L'ESPAGNOL

Ella discogimientelota !

CASSANDRE

Hein ?

L'ESPAGNOL

Dermadelastegodiguga !

CASSANDRE

Voilà qui est extraordinaire. Je ne comprends plus
du tout !

LE JUIF LEVANTIN

C'est, sans doute, qu'une seule bouteille ne saurait
avoir qu'un assez bref effet; mais je gage que si vous
ordonniez à la servante d'apporter...

CASSANDRE

Une trique, je n'aurais qu'à lever et baisser le
bras pour rosser deux coquins ! Déguerpissez, mauvais garçons. Eh! j'aperçois une jeune Égyptienne,
tout habillée de soie, et qui porte, sous des gazes,

des colliers et des bracelets resplendissant de mille pierreries. Ce doit être une personne de très haut rang dans son pays et qui vient en France pour épouser quelque fils de prince. Elle n'aura garde de me tromper. Mademoiselle, je serais curieux de savoir de quelle façon on porte le deuil d'une personne chère dans le pays égyptiaque d'où vous venez.

L'ÉGYPTIENNE

Pour obtenir un tel renseignement, vous ne pouvez mieux faire, Altesse...

CASSANDRE

J'avais deviné juste ! elle a accoutumé de parler à des têtes couronnées.

L'ÉGYPTIENNE

...Que de vous adresser à moi. Dans mon pays, qui est celui des sphinx et des caïmans...

CASSANDRE

Des gens de sa famille, sans doute !

L'ÉGYPTIENNE

...Si celui qui veut porter le deuil d'une personne chère est considérable par ses richesses...

CASSANDRE

J'ai quelque bien.

L'ÉGYPTIENNE

... S'il possède des joyaux de toutes sortes, ceintures d'or incrustées de rubis, bracelets d'améthystes, broches de chrysolithes et de chrysoprases...

CASSANDRE

J'ai une grosse montre d'or qui me fut léguée par ma grand'tante, et quelques vieux sous d'or dont on pourrait faire, les trouant et les liant, des bracelets de prix.

L'ÉGYPTIENNE

... Il réunit tous ses trésors...

CASSANDRE

Bon !

L'ÉGYPTIENNE

... Et...

CASSANDRE

Et s'en pare ! A la bonne heure ! voilà une façon qui s'accorde tout à fait à la joie de mon deuil. Dès ce soir, je porterai la grosse montre et les...

L'ÉGYPTIENNE

Vous ne m'entendez point ! Tous ses trésors, il en orne une belle fille rose des narines, blanche du sein, rousse des aisselles, telle que je suis (voyez!), et sentant bon, comme moi (sentez!), et qui le console de tout désespoir, les joyaux ôtés, non pour les rendre, par des caresses qui font venir des douceurs humides à la bouche sèche même d'un vieux ! De sorte que, son regret du mort ou de la morte, il le pleure des lèvres.

CASSANDRE

Arrière, pendarde ! Tu n'auras ni les sous d'or ni la montre de ma grand'tante. D'autant plus que je crois reconnaître en toi, sous ton habit d'Égyptienne, une de la rue Glatigny, qui mit en fort mauvais point, l'autre semaine, un cocquebin, mon courtaud de boutique, lequel avait voulu apprendre, la veille de ses noces, son office de mari ; et non seulement la mariée en eut le mal de Sicile, mais les sept ou huit cousins, et autres gens, à qui elle avait promis la desserte du repas nuptial. C'est une famille qui a vraiment lieu de se plaindre. Mais j'entrevois, descendant, parmi la foule, d'un navire qui a pour oriflamme un dragon de soie rose et dorée en l'air, un Chinois fort gras, l'air digne, au vaste et beau ventre (si c'est au ventre, comme les Chinois disent, qu'ils ont l'âme, oh! qu'il doit avoir l'âme belle!), et cet homme jaune (signe peut-être des primitifs et immémoriaux cocuages d'une race!) ne me décevra point. Habitant du Céleste Empire, comment, chez toi, porte-t-on le deuil?

LE CHINOIS

Ote ton habit.

CASSANDRE

Non!

LE CHINOIS

Ote ton habit.

CASSANDRE

Oh!

LE CHINOIS

Ote!...

CASSANDRE

Oui!

LE CHINOIS

Ote ton gilet!

CASSANDRE

Non!

LE CHINOIS

Ton gilet!

CASSANDRE

Mais!

LE CHINOIS

Ote!

CASSANDRE

Oui.

LE CHINOIS

Et les culottes!

CASSANDRE

Tout de suite! car je vois, homme qui viens de Chine, que tu as en toi une force à laquelle, ivre comme je suis d'anjou et d'alicante, on ne saurait résister. J'ai ôté mes culottes. Je suis pitoyable, les hommes de police vont me conduire en leur prison.

LE CHINOIS

As-tu gardé ta chemise?

CASSANDRE

Tu n'as point exigé que je la retirasse.

LE CHINOIS

Est-elle propre?

CASSANDRE

Suffisamment. Je la mis le premier jour de la semaine dernière.

LE CHINOIS

Eh bien, tu es en deuil. Car, à Canton et à Pékin, c'est en blanc qu'on porte la déploration visible des morts. Adieu.

CASSANDRE

Rends-moi mes vêtements!

LE CHINOIS

Quoi! me défendrais-tu d'aller — payement à peine du service que je te rendis — les mettre en gage chez le fripier voisin?

CASSANDRE

Me voici comme nu, et je suis enclin à m'imaginer, malgré les fumées gaies du vin et les joies persistantes de l'enterrement, que le deuil porté en blanc, de cette façon, ne serait pas du goût de tout

le monde ; je m'en vais **rentrer** chez moi, le long
des murs. Je suis d'autant plus résolu à rentrer que
le serein me mouille les jambes, et que l'ombre se
fait sur la place, dans les ruelles, partout. Quelle
aventure qu'un honnête bourgeois tel que moi se
trouve en chemise, à pareille heure, sur la voie
publique ! **On** ne devrait pas boire après avoir
enterré sa femme ; le plaisir d'être veuf aide trop à
la griserie. Allons, allons, rentrons. Retrouverai-
je mon chemin ? Les lanternes se sont éteintes, et
les fenêtres ; les lumières aussi des bateaux du port
de mer sont mortes. C'est déjà la mauvaise heure
des larrons, des tirelaine. C'est aussi l'heure où
reviennent sur la terre, avec de grands voiles blancs,
les personnes qui sont mortes... Allons-nous-en !
allons-nous-en ! le vent s'enroule aux poils de mes
jambes nues et me hausse du froid jusqu'au cœur.
Allons-nous-en. Ah ! qu'est-ce donc, là-bas, plus
près, tout près, ces gens qui viennent, qui viennent,
qui vont être ici... Porteurs, messieurs les porteurs, qu'est-ce que vous portez sur cette litière ?

L'UN DES PORTEURS

C'est un mort, monsieur.

CASSANDRE

Un mort ?

LE PORTEUR

Oui, monsieur.

CASSANDRE

Voici qu'il fait tout à fait noir et qu'il fait plus froid.
D'avoir plus grand froid, on a plus grand'peur.
Et voici d'autres gens avec d'autres litières. Qu'est-ce
que vous portez, messieurs?

UN PORTEUR

Un mort.

UN AUTRE PORTEUR

Un mort.

UN AUTRE PORTEUR

Un mort.

CASSANDRE

D'où venez-vous ?

UN AUTRE PORTEUR

D'un pays où l'on meurt. Et, si l'on ne meurt pas
dans ce pays-là, on meurt sur le bateau du mal
qu'on a pris dans ce pays-là.

CASSANDRE

A cause d'une maladie ?

LE PORTEUR

Oui; et de la misère, et de l'abandon, et du ciel qu'on aima et qu'on ne revoit plus.

CASSANDRE

Comment s'appelle-t-il, ce pays?

LE PORTEUR

L'exil.

CASSANDRE

Et, dans votre bateau, il n'y a que des morts?

LE PORTEUR

Rien que des morts. Tous sont morts, hormis ceux qui eurent la force de les aider à mourir.

CASSANDRE

Pas de malades?

LE PORTEUR

Ils ont préféré être des morts.

CASSANDRE

Il fait plus noir, j'ai plus froid en ma chemise. Le vent me fait des farces sous ma chemise, dans les poils de mes jambes. Je vais prendre un rhume. Oh! que voici une étrange figure qui vient, toute seule, derrière les litières, derrière les brancards qui passent, qui passent, portés par des hommes sombres, sur la place, sur la place solitaire, dans la nuit. La nuit est plus sombre à cause de quelques lanternes, là-bas, sur quelque chose d'énorme et de noir, qui doit être la mer. Oh! que cette figure qui vient est haute, est longue, est blanche! Ce doit être quelque passagère qui n'a pas été atteinte par le fléau. Ça ne doit pas être amusant, un pays où il y a la peste.

LA FIGURE BLANCHE

Vous avez à me parler Cassandre?

CASSANDRE

Oui, madame. Je voulais vous demander...

LA FIGURE BLANCHE

Quel deuil il faut choisir après la mort de Jacqueline?

CASSANDRE

Oui. Mais comment savez-vous ?...

LA FIGURE BLANCHE

Je sais beaucoup de choses. Je suis celle à qui l'on avoue ce que l'on ne dit à personne. Et je sais aussi tout ce qu'on ne me dit pas. Il ne faut point vous étonner de me voir descendre, de ce bateau sur le quai de ce port, avec tant de cadavres. Je les suis, je les aime, les cadavres, je les caresse. Je viens des pays où l'on meurt vers les pays où l'on ensevelit. Et je crois vraiment que je peux vous rendre le service que vous avez vainement demandé à beaucoup de personnes.

CASSANDRE

Vous pourriez me dire de quelle façon je dois...

LA FIGURE BLANCHE

Porter le deuil ? Non, ce n'est pas moi qui vous le dirai. Mais quelqu'un, vers qui je vous conduirai, vous le dira.

CASSANDRE

Qui donc ?

LA FIGURE BLANCHE

Curieux ! Allons, viens, viens de bon gré ; car, si
tu ne voulais pas me suivre, je t'y contraindrais ;
j'ai une toute petite main, qui est très forte, parce
qu'elle n'a plus de chair, de graisse, ni de peau. Elle
est très petite, mais elle est très forte. Allons, viens,
viens donc. Tu demandais comment il faut porter
le deuil de ta femme ? Tu le sauras bientôt.

CASSANDRE

Tu me fais mal au poignet !

LA FIGURE BLANCHE

Allons, voyons, viens, viens.

CASSANDRE

Oui. Où allons-nous ?

LA FIGURE BLANCHE

Tu verras.

CASSANDRE

Ne m'entraîne pas si vite ! Tout est noir. On dirait
que toutes les maisons sont mortes.

LA FIGURE BLANCHE

Jacqueline aussi est morte.

CASSANDRE

N'allons pas si vite. Si vous me traînez de cette façon, je finirai par vous suivre sur les genoux, et, comme je suis en chemise...

LA FIGURE BLANCHE

Tu t'écorcherais les genoux !

CASSANDRE

Pourquoi m'avez-vous parlé de Jacqueline?

LA FIGURE BLANCHE

Parce qu'elle est morte, et que tu vas savoir comment il faut porter son deuil.

CASSANDRE

Je vous en prie ! Vous me tirez trop fort ! Je ne sais pas du tout où je suis. Qu'est-ce que c'est que ces chemins-là ?

LA FIGURE BLANCHE

Sois sûr qu'ils vont où il faut qu'ils arrivent,

CASSANDRE

Est-ce que vous êtes quelqu'un de vivant ?

LA FIGURE BLANCHE

Je suis la seule chose qui vive, puisque je suis ce qui s'éternise.

CASSANDRE

C'est une farce qu'on me fait ! L'Espagnole, l'Égyptienne, le Chinois se sont déjà moqués de moi. Vous voulez me piper et m'effrayer. Ça va finir par une farce. Comment vous appelez-vous ?

LA FIGURE BLANCHE

Libitine.

CASSANDRE

C'est un joli nom.

LIBITINE

Tu crois ?

CASSANDRE

Mais, c'est ennuyeux, ça ressemble, par la fin, à Jacqueline.

LIBITINE

Oui, par la fin, à Jacqueline, la femme.

CASSANDRE

Une gueuse. N'allons pas si vite. Où allons-nous?

LIBITINE

Une gueuse?

CASSANDRE

Oui, une gueuse! Une fois, rentrant chez moi,
cherchant le lit à tâtons...

LIBITINE

Viens! C'est elle qui, dans un instant, t'habillera
du deuil que tu dois porter.

CASSANDRE

Oh! oh! Je me reconnais. Voici, dans l'ombre, le
cabaret : « A la Vue du Cimetière ! »

LIBITINE

Oui.

CASSANDRE

Mais ce ne sont pas les mêmes garçons?

LIBITINE

Non.

CASSANDRE

Ceux-ci...

LIBITINE

Sont des spectres.

CASSANDRE

Et ces becs de gaz ?

LIBITINE

Des feux follets. Allons ! allons ! viens !

CASSANDRE

Tu me brises le poignet ! Oh ! c'est le cimetière.

LIBITINE

Et voici le trou, pas encore clos d'une lame, où l'on a mis Jacqueline. Jacqueline ! Jacqueline ! lève-toi, viens. C'est ton mari que j'ai conduit vers toi, ton mari qui avait soixante ans quand tu en avais seize, ton mari qui s'est fâché de tes lèvres à d'autres lèvres, ton mari qui t'a salie, empuantie, empoisonnée ? et il vient te demander comment il faut qu'il porte ton deuil.

JACQUELINE

Eh ! quoi ! c'est vous, vraiment, c'est vous, mon mari, mon cher petit mari, et vous voulez savoir comment il faut porter mon deuil? Je ne manquerai pas de vous le dire. Je me lève de ma tombe. Approchez-vous. Oui, approchez-vous. Ça ne sent pas bon, parce que je suis déjà un peu pourrie. Mais je vous dirai tout de même avec quoi il faut porter mon deuil. C'est avec mon linceul, avec mon joli linceul, avec mon linceul que je vous mets sur les épaules, avec mon joli linceul déjà tout brodé de moisissures et tout passementé de vers de terre !

L'HONNÊTETÉ D'ISABELLE

ou

CHAQUE CHOSE NE SAURAIT ÊTRE

QUE CE QU'ELLE EST

PERSONNAGES

LE DOCTEUR
LÉANDRE
GORGIBUS
Mme LA RESSOURCE
ISABELLE

L'HONNÈTETÉ D'ISABELLE

CHAQUE CHOSE NE SAURAIT ÊTRE

QUE CE QU'ELLE EST

LE DOCTEUR

Jusqu'à ce jour, je pensais qu'on avait raison de
dire : « Il est bien heureux que le pape soit pape,
car, s'il n'était pas pape, saurait-il faire des sou-
liers? » Et c'était une chose dont ma science tombait
d'accord à mon expérience que les corbeaux sont
noirs et blancs les cygnes, et qu'il ne peut y avoir,
sinon par vaine teinture ou sournois maléfice,
blancs corbeaux ni noirs cygnes. Et chacun est
comme il est. Cependant, dans le quartier, on conte,
touchant Isabelle, des choses qui sont bien propres
à confondre mon intellect. Qu'elle fût la plus fieffée

catin de la terre, c'est ce que personne, naguère,
ayant quelque souci de la vérité, n'eût osé nier ; et
l'on savait qu'elle avait chaque soir trois fois plus
d'amourettes (j'entends d'amourettes qui mettent la
main sous la jupe et ne la retirent que pour l'y mieux
replacer), trois fois plus d'amourettes, voire
quatre, qu'il y a de bancs sur la promenade, à cause
que trois ou quatre garçons peuvent prendre place,
le même soir, sur le même banc, soit l'un après
l'autre, soit deux à la fois, soit tous ensemble. Et
même, le seigneur Gorgibus, qui est le père d'Isabelle, avait cédé son état de rôtisseur, n'ayant plus
besoin de vendre fressure ni rognons, puisque florissait le commerce de celle et de ceux de sa fille ;
mais voici que j'entends dire que, depuis qu'elle
coucha avec Léandre, Isabelle est devenue tant vertueuse que, si on lui voulait baiser le devant, elle
vous refuserait même le derrière ; et de la canoni-
ser, et de la traiter en sainte, encore qu'elle ne soit
pas grosse, il est sérieusement question chez
Mᵍʳ l'archevêque de Paris. Voilà véritablement une
étrange et nouvelle aventure qui est tout à fait propre
à dérouter les calculs des savants, à interrompre la
marche ordinaire des astres, et dont je veux apprendre les détails pour les noter dans mon livre.
Interrogeons d'abord le seigneur Gorgibus qui vient
sur la place. Ah ! qu'il est pâle ! et comme il semble
consterné d'avoir une fille si honnête !

GORGIBUS

Plus honnête que vous ne sauriez penser, docteur, et, encore que je sois blême comme un navet, je pense avoir la rougeur au front à cause de cette vertu qui, pour la première fois depuis tant d'âges, déshonore ma famille. Que ce soit par douceur pour ce Léandre qui lui a mis, comme on dit, un moulin d'amour dans la tête, ou parce qu'elle toucha, l'an dernier, un grain du crucifix d'une visitandine, il est bien trop certain que ma fille se refuse aux prières des gentilshommes, des gardes-françaises et des marchands de beurre qui avaient coutume de venir à la maison pour se mettre à l'aise dans le grand lit de ma défunte, que j'avais cédé à mon enfant; et si les choses continuent à aller de la sorte, bientôt je n'aurai plus de lard à mettre à cuire avec les choux de ma marmite.

LE DOCTEUR

Que voilà un bizarre dérangement des choses naturelles! Bien que plusieurs m'en aient touché un mot, je ne saurais encore me résoudre à y croire!

GORGIBUS

Interrogez donc Mme La Ressource qui vient de ce côté.

Mᵐᵉ LA RESSOURCE

Las! il n'est que trop vrai, et vous m'en voyez
plus ébaubie que si, pensant humer une rose, j'avais
avalé un rat vivant. Oui, docteur, Isabelle est vertueuse. A qui se fier, désormais? Moi qui l'aimais
comme ma propre fille! Ah! si, ma fille, elle était
en effet, je pense que je lui tordrais le cou, plutôt
que de souffrir une telle impertinence.

LE DOCTEUR

A dire vrai, je conçois votre mécontentement.
Mais est-il bien sûr qu'il soit justifié autant que vous
le dites? Je répugne à croire qu'Isabelle se soit dé-
partie aussi extraordinairement des devoirs qui lui
étaient chers et familiers.

Mᵐᵉ LA RESSOURCE

Docteur, elle est d'une vertu dont je ne saurais
parler sans que l'indignation m'étouffe. Vous n'ignorez pas que j'ai justement acquis, parmi les beaux
seigneurs et les greluchons qui rôdent autour de la
fontaine des Innocents, la réputation de la meilleure
maquerelle qui soit dans tout Paris?

LE DOCTEUR

Je connais vos mérites, madame, et j'ai de quoi
m'en louer à cause que je vous dus de bons béné-

fices pour avortements de filles qui ne voulurent
point rendre en chair ce qu'elles reçurent en lait, et
aussi à cause des pucelages que, sept ou huit fois, je
refis aux demoiselles que vous menâtes dans le bon
chemin.

Mme LA RESSOURCE

Eh bien! docteur, Isabelle est la plus grande in-
grate que vous puissiez imaginer. Elle qui me doit
la première épingle d'or qu'elle eut à sa coiffe,
voici plus de huit jours qu'elle refuse, encore qu'on
lui en offre un bon salaire, d'aider à l'éruption de
ces petits volcans qu'on appelle boutons de culottes;
et je suis sur le point de perdre ma clientèle! Et
même elle a refusé, hier, les trois écus qu'avaient
coutume de lui offrir, chaque semaine, pour sa jupe
levée, — elle levait, je prélevais, — un conseiller du
roi qui n'a pas plus de soixante-treize ans.

LE DOCTEUR

Elle a refusé trois écus?

Mme LA RESSOURCE

Oui.

LE DOCTEUR

Trois écus!

GORGIBUS

Hélas !

LE DOCTEUR

Je pense que la fin du monde n'est pas loin puisque les filles de ce temps en sont arrivées à un si coupable oubli de tous leurs devoirs. Et c'est pour Léandre ?

Mme LA RESSOURCE

Pour Léandre !

GORGIBUS

Pour Léandre !

LE DOCTEUR

C'est pour Léandre qu'elle en est arrivée à un tel renoncement à la profession prospère qui lui mettait des dentelles au cou et permettait au seigneur Gorgibus d'offrir chaque dimanche à ses amis, dont je suis le plus ancien, une oie grasse cuite au four dans son jus !

Mme LA RESSOURCE

Pour Léandre !

GORGIBUS

Pour Léandre !

LE DOCTEUR

Mais ne ramait-il point, on me l'a dit, sur les galères du roi, pour avoir tenu écarté, sous l'amusement actif de quelqu'un qui veut voir de près les choses comme un horloger étudiant le ressort d'une horloge, le balancier de la jambe d'une sœur qu'il avait ?

GORGIBUS

Des galères, hélas ! il en revint, Léandre !

Mᵐᵉ LA RESSOURCE

Il en revint, des galères, Léandre ! Et il est si bien en point, si frais et si rose, qu'il semble plus joli encore qu'il ne le fut au temps où, jeune de dix-sept années à peine, il fleurait la bonne odeur des jasmins et des roses que l'on vend autour de la fontaine. Ça, je puis le dire, il est joli comme une jolie fille ! Et s'il consentait, enjuponné d'une cotte, à se coucher trois heures le jour sur la grand'chaise de la chambre où je reçois les personnes de condition, je pense qu'il achalanderait étrangement, non seulement ma boutique de friperies de soie, mais mon arrière-boutique aussi.

LE DOCTEUR

N'importe ! je n'en puis croire mes oreilles ! Un tel exemple d'honnêteté amoureuse égale vraiment

Isabelle aux pires scélérates. Cependant, veuillez vous retirer, car Isabelle s'avance, si fraîche, si poupine, avec l'air d'une fleur dont la tige marcherait; et, dans l'intérêt de la science, je prétends l'interroger sur son cas.

ISABELLE

Eh! bonjour, docteur! Que voilà un surprenant changement à votre nez! Hier, vous y aviez un clou qui le faisait tout rose, et maintenant, vous y avez un furoncle qui le fait tout violet.

LE DOCTEUR

Il ne s'agit pas, mademoiselle, ni de clou, ni de furoncle, mais de l'ignominie que vous imprimez, par votre vertu, à une honorable famille.

ISABELLE

La Zirzabelle belle
A dans son escarcelle
Les écus que n'ont plus
Les cocus!

LE DOCTEUR

N'avez-vous point de honte d'être fidèle à un Léandre?...

ISABELLE

La Zirsabelle belle
Comme un agneau qui bêle
Broute de l'herbe aux culs
Des cocus !

LE DOCTEUR

Ne pensez-vous pas au déshonneur qui vous suit
d'avoir refusé, l'autre jour, trois écus?...

ISABELLE

Aux cocus !

LE DOCTEUR

Mais qu'est-ce qu'il a donc, ce Léandre?

ISABELLE

La Zirsabelle belle
Comme une vache vêle
Fera des veaux cornus
Aux cocus !

LE DOCTEUR

Par quel sortilège Léandre vous a-t-il conduite à
cet excès de déshonneur et de perdition?...

ISABELLE

Ah ! docteur, si vous saviez comme il est exquis l'être que j'aime ! et combien il ressemble peu, encore qu'il lui ressemble, au Léandre qui rama sur les galères du roi ! J'ai refusé trois écus? j'en aurais refusé douze tant je l'aime d'avoir une couleur de bluet aux yeux et une odeur de roses aux lèvres. Mais hâtez-vous de vous retirer, car voici mon charme qui vient, et nous prendrons tout de suite notre plaisir, dès que vous ne serez plus là, dans la promenade déserte, sur le banc que voici.

LÉANDRE

Ah ! Isabelle !

ISABELLE

Ah ! Léandre !

LÉANDRE

Puisqu'ils sont partis...

ISABELLE

Baisons-nous !

LÉANDRE

Las ! que je t'aime !

ISABELLE

Hélas! que je t'adore!

LÉANDRE

Dis que, pas même pour vingt écus...

ISABELLE

Pas même pour cent...

LÉANDRE

A aucun autre...

ISABELLE

A personne!...

LÉANDRE

Laisse, la promenade est déserte, laisse-moi prendre ta gorge...

ISABELLE

Oui, solitaire, et le soir vient, laisse-moi prendre la tienne...

LÉANDRE

Mon tout!

ISABELLE

Mon âme!

LÉANDRE

Ma vie! Eh! qui se pourrait douter que je mis les habits de mon frère pour te venir baiser les lèvres?

ISABELLE

VERTUEUSE PAR TRÉPAS

ou

LES MORTS NE VALENT PAS MIEUX QUE NOUS

PERSONNAGES

JULIE
SAINTE GERMAINE DE PIBRAC
VIRGILE
HORACE
CAIUS-JULIUS-CESAR-OCTAVIANUS-AUGUSTUS
CATON
ASSITIUS GABRION
SAINT LABRE
ISABELLE
LÉANDRE

ISABELLE

VERTUEUSE PAR TRÉPAS

OU

LES MORTS NE VALENT PAS MIEUX QUE NOUS

ISABELLE

Depuis le temps que, par vertu, je fus grosse —
ce qui est bien ennuyeux pour une honnête fille
quand elle n'en a pas eu le plaisir — je pense que
jamais je n'éprouverai un trouble comme celui où
me voilà. Et la raison, c'est que je suis morte. Nom
de mon vrai père ! je vous le dis, bonnes dames et
bons messieurs, je suis morte. Pour ce qui est de
savoir qui fut mon père, je pense que ce fut Chou,
si ma mère était Fleur ; et on les vend au marché
ensemble. Mais, d'être morte, j'en réponds. Ce fut la
semaine passée que la chose m'arriva. Nous étions
partis pour la Foire, le beau Léandre et moi, et

18.

encore qu'il n'eût bu que trois bouteilles de romanée
que j'avais volées pour lui chez le marchand d'eau
du coin, il était plus gris que moi-même, qui en
avais bu quatre ; si gris qu'il jurait que j'avais dans
mon jupon toutes les étoiles d'or de la voûte céleste !
Voyez un peu de la grande bête : je n'y en ai qu'une,
d'étoile, et elle n'est pas blonde. Et voilà qu'à la
Foire il veut aller chez Gagne-Menu, moi je veux
aller chez Rond-du-dos, comme on dit ; ça me fâche,
ça le fâche, il me dit : « Je vais te tuer ! » Il m'empoigne par le cou — un peu plus bas, il n'aurait
pas eu le courage — il me flanque dans le canal, la
tête la première. J'ai idée que, mes jupes épanouies,
les gens ont dû voir mes jambes en l'air ; ce m'est
une consolation qu'à mon dernier moment on ait vu
mes jambes, pour ce qu'elles sont jolies et que j'ai à
mes jarretières, d'un côté, un sou d'argent qui est
le Roi, et, de l'autre, un sou d'or qui est sa Maîtresse.
De quelque façon que ça se fît, il est véritable que
je fus morte, et me voici (après avoir caressé la
barbe à Caron) dans les Champs-Élysées, qui sont,
comme qui dirait, une espèce de paradis. Vous pensez si je me sens la fressure chatouillée d'appréhension à l'idée de tous les grands hommes que je vais
rencontrer dans cette promenade où il y a de si
beaux arbres, et qui ne manqueront pas de me
faire de la morale touchant la vie que je menai sur
la terre où ils furent si vertueux. Il me faut bien
avouer que j'y fus garce au delà même de tout ce qui

est possible ! Il n'est amant que je ne me souvienne
d'avoir trompé, soit que pour m'y résoudre celui-ci
me donnât un écu, ou celui-là un nœud à mettre au
chignon, ou un autre rien du tout, mais il avait de
noires moustaches touffues sur de belles rouges
lèvres !... Ah ! ciel, je tremble, voici quelqu'un qui
vient. C'est un des seigneurs des Champs-Élysées,
un héros, un sage, un dieu. Vrai, je ne sais où me
fiche, quoiqu'on m'ait si souvent fichue. Mais non,
mais non, c'est Léandre ! vraiment, c'est Léandre !
Eh ! que faites-vous ici, Léandre ?

LÉANDRE

Depuis que je suis mort...

ISABELLE

Quoi ! vous mourûtes, vous aussi ?

LÉANDRE

Dans le canal, à cause du coup de talon que vous
me donnâtes...

ISABELLE

Pendant que vous me jetiez...

LÉANDRE

Dans le canal.

ISABELLE

Et, pour ce qui est de votre santé, vous n'êtes
point en souci ? C'est un plaisir qui ne peut être que
partagé de se rencontrer dans un lieu d'outre-
monde où chacun a aidé l'autre à y être deux.

LÉANDRE

Quittez ces propos fôlâtres. Depuis que Caron...

ISABELLE

Vous aussi, vous lui avez caressé la barbe ?

LÉANDRE

... Me conduisit en cette céleste contrée de délice
et de vertu, je suis enclin aux plus sincères regrets
et au plus parfait repentir.

ISABELLE

Hélas !

LÉANDRE

Nous vécûmes une mauvaise vie, Z'irsabelle !

ISABELLE

A qui le dites-vous, Léandre ?

LÉANDRE

Nous bûmes !

ISABELLE

Oui !

LÉANDRE

Nous mangeâmes !

ISABELLE

Oui !

LÉANDRE

Nous volâmes !

ISABELLE

Oui !

LÉANDRE

Nous fourbâmes !

ISABELLE

Oui !

LÉANDRE

Nous...

ISABELLE

Oui... oui...

LÉANDRE

... Aimâmes !

ISABELLE

Oui, oui, oui, oui, oui, oui, oui !

LÉANDRE

Ah ! tu me flattes ! Le sûr, c’est que nous omîmes
totalement sur terre de donner l’exemple des belles
décences ; et, changeant de vie en devenant mort,
je suis résolu à me conduire désormais le plus hon-
nêtement du monde et à me rendre digne de la belle
et illustre compagnie qu’il y a dans les Champs-
Élysées.

ISABELLE

Comme cela est justement dit ! et que j’entre bien
dans tes desseins.

LÉANDRE

Naguère, gentille Z’irsabelle, c’était moi, hélas !
qui...

ISABELLE

Fi !... J’ai dit « desseins » et non pas « deux
seins », Léandre ! Mais taisons-nous ! Je pense que

je vois venir quelques-uns des divins personnages de qui nous devrons apprendre la vertu et imiter les modesties.

VIRGILE

J'ai déjà fait à qui de droit, mon cher Flaccus, une observation analogue à celle que vous fîtes quant à Glycère...

HORACE

Et quant à Lalagé.

VIRGILE

Il est absurde et impertinent que l'on ne permette point au bel Alexis de partager une immortalité que j'ai bien gagnée par des poèmes qui font encore l'enchantement des douces et hautes âmes. A quoi servirait-il d'avoir été supérieur à tous les hommes si, devenu dieu, on ne pouvait réaliser, totales, les délices que l'on ébaucha ?

HORACE

Que vous avez raison ! Mais, doué de bon sens, je vous engage à considérer que l'Éternité se doit à elle-même d'observer certaines convenances ; sans doute il ne serait pas séant que les mœurs célestes avouassent et perpétuassent les agréments que nous eûmes sur terre.

VIRGILE

J'aurais voulu revoir Alexis éternel !

HORACE

Il y a moyen de s'arranger. L'autre jour, parmi les promeneuses de cet immortel jardin, j'ai rencontré deux aimables amies vêtues de chemises roses, qui se parlaient bas. Elles avaient à peine depuis trois jours quitté la terre. Elles arrivaient...

VIRGILE

De Lesbos ?

HORACE

Non, de Paris. Et je les suivis dans un antre tout tapissé de clématites diamantées de rosée et tout jonché de pierreries éparses en poussière de fleurs, où elles furent plus belles que Glycère et Lalagé.

VIRGILE

Comment, en réalité, se nommaient-elles ces Parisiennes ?

HORACE

Ah ! Publius, je suis discret. Mais, vous, ne perdez pas espoir. Alexis, s'il fut aimable, eut sans doute le défaut de garder aux mains quelque odeur des chèvres qu'il lui fallait traire, et c'était un garçon de la campagne. Parmi les poètes morts jeunes que nous envoient les temps nouveaux, vous trouverez quelque aimable disciple épris de vos églogues et de vos épopées.

VIRGILE

Sera-t-il, sinon Alexis, du moins Marcellus ?

HORACE

Il le sera.

ISABELLE

Encore que mon petit entendement ne perçoive qu'à demi les choses que disent ces beaux personnages, il me paraît que la vertu est quelque peu absente de leurs discours, et, si j'osais avoir ici mon franc parler, je dirais que les grands hommes qui sont devenus des dieux ne laissent pas que de ressembler beaucoup à des co...

LÉANDRE

Chons fut le dieu d'une autre religion ! dont il n'y a point lieu de s'inquiéter ici. Et tout imbuc de monde encore, tu ne sais pas t'élever jusqu'aux choses célestes qui s'expriment par paraboles et mystères. Écoute cependant d'autres qui viennent.

JULIE

Vous pensez bien, mon père, que je ne fus point
dupe de la solennité de vos regrets devant le Sénat,
et je sais fort bien que, si vous m'exilâtes en l'île de
Pendataria, ce ne fut point du tout pour me punir
d'avoir deux ou trois fois soupé en la compagnie de
quelques poètes et de courtisanes qui étaient leurs
bonnes amies.

CAIUS-JULIUS-CÉSAR-OCTAVIANUS-AUGUSTUS

Fille de Scribonia! vous vous conduisîtes avec
Naso de façon à mériter...

JULIE

Eh bien, où était le mal? Outre le talent d'Ovi-
dius, le seul nom de Naso m'autorisait à des espé-
rances...

CAIUS-JULIUS-CÉSAR-OCTAVIANUS-AUGUSTUS

Eh bien, et moi?

JULIE

La vérité, c'est que vous m'en voulûtes beaucoup
parce qu'une fois que j'avais rendez-vous dans un
cabaret de Subure avec deux mimes et trois gladia-
teurs, je ne voulus point aller vous apporter, papa,

un soir où Livie était aux fêtes de la bonne déesse,
la coupe de falerne mis en cruche sous le consulat
de Plancus, que vous aimiez à prendre au bout de
mon bras nu !

CAIUS-JULIUS-CÉSAR-OCTAVIANUS-AUGUSTUS

Fi ! Julie !

JULIE

Dame, encore que rasé, des poils blancs vous sor-
taient du menton, et vous aviez du ventre, prince
du Sénat ! Mais, dans ce jardin extra-terrestre où
vous êtes dieu après avoir été empereur, l'éternelle
jeunesse a reblondi votre barbe et fait repousser en
rudes touffes jeunes vos cheveux. Et je confesse que
je n'ai plus pour elle la filiale horreur que me cau-
sait, quand nous vécûmes, votre trop peu paternelle
tendresse. Et voici, — car, vraiment, vous êtes très
bien fait et tout jeune, — un bosquet de syringas et
d'aristoloches et de lauriers-roses où ne nous
surprendra pas Livie que la mort même n'a pu
rajeunir.

ISABELLE

Tu diras ce que tu voudras, Léandre, je te répète
que ce sont des...

LÉANDRE

Attends, attends ! Je t'accorde que le langage de
ces dieux est de nature à inspirer quelque étrange
soupçon, mais il ne faut pas juger à la légère ; écou-
tons encore.

CATON

En réalité, mon cher Assitius Gabrion, on n'a
point du tout compris pourquoi d'une telle vertueuse
fureur je me rebellai contre la coutume du peuple
d'exiger que après la représentation, les mimes se
déshabillassent.

ASSITIUS GABRION

Je vous avoue que votre austérité me parut quelque
peu excessive.

CATON

On ne savait pas le véritable motif de ma colère !
Je les avais vus, tout nus, aux répétitions, ces mimes,
et leur laideur corporelle m'avait paru si fâcheuse
que je jugeai nécessaire d'en épargner à la foule le
déplorable spectacle.

ASSITIUS GABRION

Que je reconnais bien en cela votre haute vertu !
et que, de plus en plus, je me félicite de vous avoir
obéi le jour des Thermopyles. Mais la déception que,
si justement, vous vouliez épargner au peuple n'est
point à redouter dans les Champs-Élysées, où l'immortalité confère la beauté. Si vous voulez bien me
suivre, je vous guiderai vers un lac où les jeunes
femmes et les jeunes hommes se mêlent en des jeux
charmants qui s'achèvent dans l'épaisseur des herbes
de la rive, et vous n'éprouverez point de chagrin à
guetter ces jeux parmi les branches écartées.

CATON

Où donc est-ce ?

ASSITIUS GABRION

Courons-y !

ISABELLE

Tu auras beau faire, Léandre, je ne croirai jamais
que les mystères et paraboles de ces discours cachent
des intentions honnêtes. Eh bien, ils sont propres,
les dieux ! Ils n'étaient pas différents, les vieux gen-

tilshommes et les bourgeois avec qui je vidais des
rouge-bords chez Rond-du-dos.

LÉANDRE

Non. Chez Gagne-Menu.

ISABELLE

Ne recommence pas, ou je t'oblige à me flanquer...

LÉANDRE

Dans le Léthé. Allons, prends patience, c'est des
païens, ces gens-là. Les païens, comme tu sais, furent
toujours la proie du diable ; tu vas voir d'autres personnes honnêtes, sérieuses, des catholiques comme
toi et moi.

ISABELLE

Ici, des catholiques? aux Champs-Élysées?

LÉANDRE

Mais oui, mais oui. Depuis un temps, les religions
ont fait la paix. Les dieux se sont mêlés pour s'unir
contre ceux qui ne voulaient plus des uns ni des
autres. Et avec tous leurs Paradis, ils n'en ont fait

qu'un seul pour économiser la Lumière, les Cantiques et l'Éternité. Tiens, regarde, celui qui vient là, c'est saint Labre avec sainte Germaine de Pibrac.

SAINT LABRE

Eh! madame, comment vous appelez-vous?

ISABELLE

Isabelle, du Théâtre de la Foire, pour vous servir, grand saint.

SAINT LABRE

Que vous voilà propre et nette et comme on chercherait longtemps sur votre corps, j'imagine, sans y trouver une puce.

ISABELLE

A force de chercher, grand saint, on trouverait bien la place, toute prête à être chatouillée encore, où s'aurait pu poser la puce.

SAINT LABRE

Ah! que vous êtes bien vêtue de chiffons blancs et qui sentent la chemise ce matin blanchie! Ne savez-vous point qu'en ce pays sacré où les Champs-Élysées s'illuminèrent en paradis aimable, nous avons, par delà la plaine et le ruisselet et le grand bouquet d'arbres, une maison de bains où, après s'être lavés des puces qu'on peut avoir, on s'étend sur des lits pour souper, tout luisants d'eau !

ISABELLE

Nous avions sur terre, grand saint, de telles étuves... C'est curieux comme le ciel ressemble à la terre ! et les dieux n'égalent que les hommes. Oh ! je ne dis pas que je ne vous suivrai point si l'eau est fraîche où vous voulez me mener et si le menu du repas est agréable après le bain que l'on prit.

SAINT LABRE

Venez sans crainte, Isabelle, vous serez, où je vous mène, — c'est le bon endroit, — bien mouillée, bien frottée, bien nourrie et bien aimée.

ISABELLE

Liandre ! Liandre !

LÉANDRE

Quoi donc, Z'irsabelle ?

ISABELLE

Viens avec nous. Le seigneur saint Labre m'offre tout près d'ici tous les plaisirs de l'autre monde.

LÉANDRE

Ah! que je suis marri de ne pouvoir être des vôtres! mais sainte Germaine m'emmène souper de l'autre côté du Paradis.

QUESTIONS TABARINIQUES

POURQUOI LES FEMMES ET LES FILLES
ONT UN TROU
AU DERRIÈRE DE LEUR CHEMISE

PERSONNAGES

MONDOR
TABARIN

POURQUOI LES FEMMES ET LES FILLES
ONT UN TROU
AU DERRIÈRE DE LEUR CHEMISE

TABARIN

Çà, illustre seigneur Mondor, qui, par le moyen
de vos drogues, menâtes de trépas à vie, et, non
moins souvent, de vie à trépas, un nombre de
personnes au moins égal à celui des gouttes d'eau
salées qui jaillirent et pétillèrent au soleil sous les
fouets d'un prince bien digne, s'il n'eût été de si
grande maison, qu'on l'envoyât aux Petites, —
c'était une belle fesse à fesser, que l'énorme rondeur bleue de la mer ! — ne semblerait-il pas
opportun à Votre Omniscience, puisque aussi bien
un poète appelé Georges Docquois s'avisa de me tirer
de l'antique oubli tombal, où s'abîment les empe-
reurs et les pitres, les marchands d'orviétan et les

dieux, que fussent rénovées pour la joie des gens de
Paris et pour leur instruction mêmement, les
fameuses Questions Tabariniques en lesquelles nous
excellâmes, moi, par la curiosité subtile de mes
interrogats, vous, par les justes réponses de votre
universel savoir, à traiter des plus hautes matières
(je dis : hautes, afin qu'on ne les confonde point
avec d'autres), dont se préoccupent les fils du
mangeur de pomme (que si vous voulez savoir
pourquoi il fut nommé Adam, c'est parce que le
premier il alla à dame) et aussi de moindres choses,
telles que l'aventure de la femme de notre voisin
qui, cherchant, la nuit, sous son lit, si aucun larron
ne s'y était pas fourré, mordit et avala, non sans
en avoir la luette chatouillée, la queue de son chat,
pensant que ce fût son mari qui lui offrait quelque
gourmandise, en manière de bonne farce de cocu ?

MONDOR

Il est bien vrai, mon ami, que les Questions Tabariniques furent choses de haute importance et valant
d'être comparées à la fois aux dialogues du divin
Platon et aux discours du divin Bruscambille. Je
socratisais durant que tu sottisais. Mais quoi ! si
longtemps nous fûmes morts, que nous semblerions
étrangement nigauds parmi les nouveautés d'autres
façons de penser et de vivre. Mon savoir de jadis ne

paraîtrait que recettes de vieux almanachs ; et tu
n'es point au courant des choses dont s'amuse la
ville.

TABARIN

Eh ! seigneur Mondor ! pensez-vous que, comme
le vin devient meilleur en vieillissant, la science se
fasse plus savante, mise en siècles, qui sont comme
des bouteilles de cent ans ? Pour ce qui est d'être
informé des menus bruits de la ville et des faubourgs,
n'ayez aucune inquiétude ; à peine m'eût évoqué du
sépulcre le poète Georges Docquois, je fus requis
d'amour pour l'une des spectatrices assises devant
mon nouveau tréteau ; et, comme cette personne,
qui a une odeur fort bonne quand elle est habillée
et bien meilleure quand elle n'a point d'habits, est,
en même temps que la favorite du roi des Velges, la
femme d'un agent de change, la maîtresse d'un
ministre, de deux ténors, d'un joueur de bonneteau,
d'une chanteuse de café-concert, d'un prince nègre,
de huit ou dix poètes symbolistes (ceux-ci ne la
fatiguent pas beaucoup), et de quatre reporters, vous
me voyez instruit autant qu'on le saurait être des
façons et coutumes d'à présent.

MONDOR

En ce cas, reprenons donc, j'y consens, nos propos plus de deux siècles interrompus.Quelle question

me feras-tu aujourd'hui, Tabarin ? Mon ouïe bâille
comme une huître et mange tes paroles.

TABARIN

Vous parlez incongrument ! L'huître bâille, oui,
mais c'est elle qui est mangée. Cependant, voici la
question. Pouvez-vous me dire, seigneur Mondor,
pourquoi, presque toujours, les femmes et les filles
ont un trou au derrière de leur chemise, plutôt que
de l'avoir au-devant d'elle, ce qui serait infiniment
mieux accommodé aux exigences naturelles de l'hymen et aux hâtes de l'amour?

MONDOR

Hélas ! Tabarin, que vous avez toujours l'esprit
incliné aux choses libertines et basses. Mais, puisque
je promis de répondre, je ne faillirai point à ma
parole. D'abord, il serait bon d'examiner si votre
question repose en effet sur quelque base, ou certaine, ou seulement vraisemblable. Vous affirmez
que presque toutes les femmes ont un trou, non
point au devant, mais au derrière de leur chemise?
Qu'en savez-vous ? Avez-vous vu en l'état que vous
dites, tant de femmes que vous en puissiez conclure
à la presque généralité d'un tel état ? Ou bien, à
l'appui de votre opinion, offrez-vous des preuves,
soit écrites, soit verbales, dues à des historiens

dignes de foi ou à des témoins honorables? Pour
moi, j'ai beau chercher dans ma mémoire fort bien
meublée, cependant, de vraies doctrines et de sûrs
souvenirs, il m'est impossible d'y rien trouver qui
confirme votre proposition. Aucun historien de
femmes en chemise ne relate aucune circonstance
qui la puisse faire admettre. Il est plus que probable
que le berger Pâris vit Hélène à peine voilée du
suprême voile ; mais je vous mets au défi de me
montrer, dans l'*Iliade*, un seul passage où le bon
Homère, comme dit Horatius Flaccus, fasse seulement allusion à un trou postérieur dans ce voile.
Si Alcibiade, en effet, coupa la queue de son chien,
pas une tradition ne rapporte qu'il déchira la chemise d'Aspasie, à la place justement où son chien
eut la queue. Non plus, vous ne sauriez invoquer
l'exemple ni d'Artémis, ni de Cypris, ni de Flora, ni
de Cléopâtre, ni de la belle Ferronnière ; car il est
avéré que ces illustres déesses, reines ou dames, ne
portaient pas de chemises du tout, ou les ôtaient si
vite qu'on n'avait pas le loisir de les voir. Il est vrai
que, tout à l'heure, nous remarquâmes sur le bou-
levard, à la porte d'un théâtre, une affiche où quatre
jeunes demoiselles, en chemise sous couleur d'être
des fantômes, ne montraient, en la toile, sur le devant aucun orifice ! et même c'était fort dommage :
car mes regards auraient pris plaisir à s'introduire
par cette lacune de l'étoffe ; mais, de ce qu'il n'y
avait point de trou de ce côté-ci, en devons-nous con-

clure qu'il y en avait un de l'autre, que l'on ne voyait pas ? Cependant, Tabarin, je ne veux point user contre vous, dès votre première question, de toutes les rigueurs de la logique ; je consens à vous accorder ce qu'il vous plaît d'affirmer ; et je vous ferai une réponse qui vous satisfera, je pense. Les femmes, mon ami, sont d'ordinaire fort pieuses ; vous avez les beaux exemples de Madeleine qui, tant d'années durant, pleura de remords sur un crâne; de l'impératrice Irène par qui fut recouvrée la véritable croix ; de Mlle de La Vallière qui acheva ses jours en un cloître, et de la femme de notre compère le tripier qui, chaque fois qu'elle fait son mari cocu, — c'est-à-dire trois ou quatre fois le jour, — s'en va se confesser aux Pères de la Miséricorde, qui sont de très beaux religieux. Nos épouses, nos sœurs, nos filles, — encore qu'on les voie souvent dans les assemblées, dans les boutiques où l'on vend des rubans de toutes les couleurs, — hantent volontiers les sacrés lieux de prière ; de sorte que si leur dernier vêtement bâille un peu, à l'endroit que vous dites, c'est qu'enfin il fut usé par la longue coutume d'être assises, non sans tortiller un peu des reins, aux bancs dévots des églises.

TABARIN

Ah ! ah ! ah ! voilà une réponse qui ne me plaît pas du tout, seigneur Mondor ! et me voici obligé

de croire que, cette fois, votre science est en défaut.
La vraie raison de la fente à la chemise de nos femelles, non devant, mais derrière, c'est qu'il n'y a
pas moyen de trouer ce qui fut d'abord levé, et
qu'une flèche bien lancée a de quoi percer, même
de l'autre côté de la cible !

POURQUOI ON FAIT LE POT-AU-FEU
AVEC DES MORCEAUX DE BŒUF
ET NON AVEC DES MORCEAUX D'HOMME

PERSONNAGES

MONDOR
TABARIN

POURQUOI ON FAIT LE POT-AU-FEU
AVEC DES MORCEAUX DE BŒUF
ET NON AVEC DES MORCEAUX D'HOMME

TABARIN

Puisque nous voilà de loisir, il me prend fantaisie, seigneur Mondor, de vous interroger, avec l'assentiment de tout ce peuple immense qui nous fait l'honneur de prêter l'oreille à nos propos, sur un point qui me tourmente à un degré tel que j'en perds, pour ainsi dire, le dormir, le boire et l'aimer, et que, ce matin, tout soucieux devant mon assiette, je pris une anguille de Melun pour une andouille de Beauvais en Beauvaisis.

MONDOR

Tu sais, Tabarin, que je suis toujours disposé à satisfaire tes curiosités, lorsqu'elles ne portent point sur des cas peu compatibles avec la bienséance.

TABARIN

Même une nonnain ne se scandaliserait pas du discours que je tiendrai !

MONDOR

A la bonne heure, parle, mon ami.

TABARIN

Toujours j'entends dire que l'homme est le meilleur des animaux...

MONDOR

Et tu entends fort bien. Aucun des êtres vivant sur ce globe terraqué ne lui est comparable. Tous les auteurs sont d'accord sur ce point. Si le lion a la force, si le renard a la ruse, si le rossignol a le ramage, si le papillon a des ailes d'or et de neige, le fils de la femme porte en lui l'intelligence, étincelle tombée de l'âme divine. Lui seul, comme dit Salluste, lève les yeux vers le ciel ! et, du matin au soir, tu dois te féliciter d'être né homme et non point tigre des déserts, rat de vieille maison, ou taupe des jardins, ou pourceau grognant dans l'ordure.

TABARIN

D'être pourceau n'empêcherait pas d'être homme. Mais tel n'est point mon objet. Puisque nous l'emportons, vous ou moi, sur toutes les bêtes, nous valons mieux, naturellement, que le bœuf...

MONDOR

Il serait absurde de prétendre le contraire. D'autant que le bœuf est un animal lourd, grossier, stupide, enlisé aux plus basses profondeurs de l'instinct.

TABARIN

Eh bien ! s'il en est ainsi, si l'homme est meilleur que le bœuf, pourquoi donc, illustre seigneur Mondor, fait-on toujours le pot-au-feu avec des morceaux de bœuf, jamais avec des morceaux d'homme ?

MONDOR

Est-ce là ta question, mon ami ?

TABARIN

Ce l'est.

MONDOR

Rien de plus facile que d'y répondre. Autant par une loi naturelle que par un ordre divin, la créature hu-

maine répugne à se nourrir d'elle-même. Si le loup
ne mange pas le loup, à plus forte raison l'homme
ne mange pas l'homme. Même en les cas des plus ur-
gentes famines, une juste horreur nous rend sacrée
la chair de nos pareils. On cite avec épouvante les
abominables repas de cannibales ! Et l'anthropopha-
gie est le fait de noires et immondes peuplades sem-
blables à des troupeaux.

TABARIN

Que voilà qui est bien dit ! Cependant j'imagine
que, à ce coup encore, vous vous méprenez étrangement. Après avoir longtemps rêvé à la question
dont il s'agit, j'y ai trouvé une plus juste réponse.

MONDOR

Et laquelle, bon Tabarin ?

TABARIN

C'est que l'homme, étant toujours occupé des
belles filles, et même des laides, les palpant, les
maniant, les humant, les baisant, les mangeant, les
virant, les revirant, le bouillon qu'on ferait de lui ne
manquerait pas de sentir la femme, qui est bien la
plus mauvaise carne de la terre !

TABARIN, APRÈS DIVERSES FACÉTIES
ENTRE EN GRANDE COLÈRE
CONTRE UN CÉLÈBRE AUTEUR DRAMATIQUE

PERSONNAGES

MONDOR

TABARIN

TABARIN, APRÈS DIVERSES FACÉTIES
ENTRE EN GRANDE COLÈRE
CONTRE UN CÉLÈBRE AUTEUR DRAMATIQUE

TABARIN

Puisque aussi bien nous voici revenus du pays
des Ombres parmi cette ville de Paris en laquelle
afflue la Vie comme tous les cours d'eau de la terre
se ruent en l'énorme et unique Océan, et que, sans
retard, nous avons, pour parler proverbialement,
pris langue (hélas ! que n'ai-je pris celle dont je
vis, hier soir, dans une salle de cabaret, une jeune
personne au corsage fort, ressemblant à une corbeille
d'or d'où se haussent deux oranges, chatouiller la
mousse d'une coupe de champagne), ne consentiriez-
vous point, seigneur Mondor, que je vous soumette
quelques questions nouvelles, afin de divertir les
honnêtes badauds assemblés devant nous, bouche
bée — bée, je pense, est onomatopée, ou onoma-
tobée, de mouton qui bêle — les uns avec leurs

femmes, les autres avec leurs cannes (ceux-ci, pour
corriger celles-là, devraient prêter celles-ci à ceux-
là), et plusieurs avec de petits chiens portant à la
cime de leur queue un fort mignon astrolabe par le
moyen duquel on peut, le soir, mesurer la hauteur
de la lune mirée en le petit lac que fit lui-même
chaque petit chien obéissant sans malice aux obligations naturelles? Ce sont chiens fort utiles à l'as-
tronomie.

MONDOR

Encore que tu sois d'esprit folâtre et sot, j'ai
remarqué qu'il y avait parfois quelque fond de bon
sens sous tes impertinences. Parle donc, et je te
répondrai du mieux qu'il me sera possible, heureux
si je puis insinuer un peu de lumière en la brume
de ton intellect. Mais, pour l'amour-dieu, répudie,
Tabarin, les grossières façons de dire dont tu scan-
dalises parfois la très chaste compagnie qui nous
écoute.

TABARIN

N'ayez crainte que je me hasarde désormais à de
licencieux propos! Je sais que, la semaine d'avant
celle-ci, je fis rougir jusqu'aux oreilles — comme
si on les lui avait tirées — un très respectable vieil-
lard fort connu dans le monde pour être la belle-
sœur de son valet de chambre, et une dame en

veston qui, six ou sept ans passés, chevauchait, de nuit, sans veston, la girouette d'un château dans les bois, parmi les miaulements et les étirements d'un troupeau de matous amenés de Turcomanie par le plus illustre des Persans ! d'où elle fut nommée : le Chat des Chats du Shah des Shahs. Et même, tout dernièrement encore, je fus très bien morigéné, en des lettres qu'un faussaire signait d'un nom illustre sur le Double Mont où la muse Polymnie trempe ses pieds dans l'eau sonore d'Hypocrène. A vrai dire, si j'avais pu connaître cet usurpateur d'un noble nom, je lui aurais volontiers donné de mon pied dans...

MONDOR

Le ?...

TABARIN

Oui, — dans l'envers de Luc.

MONDOR

Es-tu donc si rancunier, Tabarin ?

TABARIN

Et ! c'eût été geste de parade. Mais écoutez mes questions, de grâce.

MONDOR

Intentus òs tenċò.

TABARIN

Que ne sais-je le bas-breton comme vous ! N'importe, venons au fait, seigneur Mondor. Est-ce aux plus méritants citoyens d'une République que doivent être accordées les plus hautes récompenses dont dispose le gouvernement de cette République ? Et ce gouvernement n'encourrait-il pas quelque déshonneur pour soi-même, les accordant à ceux, précisément, qui les méritent le moins, et à qui, même, devrait incomber la réprobation d'avoir fait, volontairement, sciemment, et lucrativement, tout le contraire de ce qui aurait pu les leur valoir ?

MONDOR

Que te voilà sérieux, Tabarin ! On n'attendait point, de ta frivolité, de tels discours. Quant à ta question, elle porte en soi sa réponse, comme le germe est déjà la plante. Il est bien évident qu'il faut récompenser ceux qui méritèrent la récompense, et non point ceux qui ne la méritèrent point.

C'est là une évidence où s'accordent tous les philosophes, tous les sages, et, parmi eux, cet éblouissant propagateur de l'innocente et simple conscience éternelle, appelé M. de La Palice. Consulte l'histoire de l'humanité : tu n'y verras point qu'un soldat fut nommé général pour avoir jeté son bouclier dès le commencement de la bataille ; qu'on ait accordé le triomphe à l'Imperator battu par l'ennemi ; qu'on accueillit en la pure splendeur d'être l'abbesse des Vestales, la rôdeuse du quartier de Suburre. Penses-tu que le divin Alexandre, ou l'énorme Napoléon, eût embrassé, sur le champ de victoire, l'archer macédonien qui n'aurait lancé ses flèches que contre les archers de son pays, ou l'artilleur qui, durant les mitraillades, observées de loin, resta caché, culotte bas, derrière un buisson prudent?

TABARIN

Une ardeur belliqueuse vous emporte, seigneur Mondor ! ce qui n'est pas sans me causer quelque surprise puisque vous êtes un pacifique docteur. Mais laissons la guerre, je vous prie — et les vestales, qui sont devenues assez rares ; et parlons des belles-lettres où vous êtes fort expert. Vous n'ignorez pas que, depuis que nous sommes morts, l'usage s'est établi de signaler, par des distinctions voyantes, à la vénération populaire, les hommes recommandables par leurs poèmes, leurs romans, leurs drames, ou leurs pensives études vers le passé et l'avenir humains, sur ce point.

MONDOR

Usage très louable! et il y a lieu de louer le progrès accompli depuis que se fermèrent nos tombes. Car le poète est l'égal du guerrier; l'héroïsme vaut le génie.

TABARIN

Mais pensez-vous, seigneur Mondor, qu'il faille sacrer, de la gloire la plus précieuse à notre moderne et passante humanité, l'homme de lettres qui, plus qu'aucun autre, ravala jusqu'au vil métier l'art auguste, honneur et consolation des esprits; l'homme qui fut l'exemple, par cent autres suivi, du travail pour le succès, du drame pour le droit d'auteur, — pas pour autre chose! Car celui auquel je pense n'oserait pas dire qu'il a, une seule fois, pensé à autre chose qu'à la recette.

MONDOR

Sans doute tu exagères, Tabarin! Bien que jamais — selon le beau mot d'un actuel ministre — je n'aie entendu parler de celui auquel tu penses, je suis porté à croire que, si on lui réserve une extrême récompense, c'est qu'il la mérite, en quelque point. Peut-être, moins génial que Shakespeare quant à la sublimité de l'Idée, s'exprime-t-il en un style propre à lui concilier les gens de goût?

TABARIN

Des Auvergnats qui auraient écrit la plus correcte de ses phrases n'oseraient pas la recopier avant que l'écrivain public ne l'eût, préalablement, corrigée.

MONDOR

Tu vas loin !

TABARIN

C'est lui qui inventa cette réplique d'une mère, mère d'un enfant du sexe féminin, à une mère, mère d'un enfant du sexe masculin : « Vous aimez votre fils ! Croyez-vous que je n'aime pas la mienne ? »

MONDOR

Sans doute, sinon par la grandiose conception du drame et la perfection du style, il vaut par l'honnêteté des sentiments qu'il exprime en ses ouvrages ?

TABARIN

Oui. Et c'est horrible. Durant plus d'un demi-siècle, il a été le plus honnête des dramaturges. De tous les nobles sentiments, il a fait des drames en cinq actes, dont un prologue. La vertu, l'héroïsme, le sacrifice, l'amour filial, l'amour maternel s'exas-

pèrent dans ses œuvres — jusqu'à l'effet qu'attend
la claque. Il a été, sans qu'une sincérité crevât jamais son toujours pareil et médiocre artifice, le vul-
garisateur, le banalisateur des bons sentiments. Il a
vendu de la vertu, de la justice, de la grandeur
d'âme, comme l'épicier débite des pruneaux. Il a
spéculé sur la beauté d'aimer, de croire, de respecter
d'admirer, de prier! Doué d'une extraordinaire im-
possibilité de parler correctement la langue que lui
enseigna sa nourrice, il a trafiqué, en patois, de la
conscience humaine. De sorte que l'on se demande
s'il n'y a pas, en son honnêteté faite exprès, et qui
rapporte, quelque chose d'aussi infâme que le métier des auteurs érotiques que l'on vend en Belgique.
Il a exploité les larmes augustes des mères!

MONDOR

Du moins, personnellement, il est honnête
homme?

TABARIN

Certes.

MONDOR

Cela ne suffit point pour justifier l'honneur
qu'on lui promet. Il a, sûrement, quelque autre
mérite?

TABARIN

Riche, estimé, entouré d'amis, environné d'une notoriété qu'il peut prendre pour de la gloire, sans doute assez imbu d'orgueil pour que celui qui le juge n'encoure pas le remords de l'avoir chagriné, — il est vieux.

MONDOR

Oh! que la vieillesse est vénérable! A Sparte, lorsque paraissait un homme ancien, les jeunes gens se levaient et lui rendaient hommage; c'est la coutume de s'écarter pour laisser passer les vieillards. Tu as eu tort, Tabarin, de brutaliser de paroles celui qui, par ses cheveux blancs, a droit à la génuflexion.

TABARIN

Il y en a de plus vieux que lui dans les asiles! et, tout en leur souhaitant la prolongation d'une longue vie, nul ne songe à les récompenser de leur longévité. Au surplus, seigneur Mondor, ne croyez-vous pas que la vieillesse, si elle persiste en les erreurs des âges précédents, n'est, chez les coupables, qu'une aggravation de faute? et, si vous étiez ministre, nommeriez-vous préfet de police Cartouche qui, centenaire, continuerait son métier de jadis?

MONDOR

Ce sont là des questions où tu ne m'as pas accoutumé, et je ne sais que répondre. On voit bien que,
depuis un temps, tu fréquentes chez les poètes lyri-
ques ; tu leur as emprunté d'étranges idées. Laissons
cela, je te prie. Et rien ne saurait empêcher ici-bas
le triomphe de l'éternelle Médiocrité.

LA

FEMME DE TABARIN

TRAGI-PARADE

PERSONNAGES

TABARIN.
ARTABAN.
POLYANDRE.
THEODOMAS.
UN GARDE DU CARDINAL.
FRANCISQUINE.
LA PRINCESSE PHILOXÈNE.
TÉLAMIRE.
AMALTHÉE.

BOURGEOIS, BOURGEOISES, GARDES, MOUSQUETAIRES,
FILLES, TIRE-LAINE, etc., etc.

La place Dauphine en 1629.

LA FEMME DE TABARIN

La place Dauphine en 1629. — C'est alors que florissait le poète Clidamant, qui, mal nourri par les Muses, s'était mis aux gages d'un arracheur de dents ; le dentiste arrachait, chaque jour une, les dents du poète, et le poète proclamait devant les badauds extasiés que l'opération n'avait pas laissé d'avoir quelque chose d'agréable : le trente-troisième jour, n'ayant plus de dents, il se pendit. — Aux volets des maisons sont accrochés des tableaux que des amateurs observent avec minutie. Origine de nos Salons annuels. Mais la singularité principale de la place Dauphine, c'est la baraque de Tabarin. Pour les besoins du drame qui va être représenté devant vous, elle est disposée comme suit : le tréteau sur lequel l'illustre farceur débite les drogues au profit du seigneur Mondor, se prolonge de biais, à sept ou huit coudées du pavé de la place. Un éclatant rideau, rouge et vert, agrémenté de figures tabariniques, sert de toile de fond à ce théâtre en plein vent ; à droite, plus bas, au niveau du sol, l'intérieur même de la baraque est visible. Des loques multicolores pendent du plafond, le long de la porte basse, recouverte d'une toile peinte, c'est comme l'entrée des artistes. Des pots de fard et des brosses sur la planchette d'un dressoir garni de vaisselles ébréchées. Le lieu ressemble à la fois à une cuisine et à une loge de comédien. Un escalier en bois vermoulu, de quelques marches, conduit de cette coulisse au tréteau extérieur. Il y a sur un fourneau une marmite pleine de soupe, dont la fumée monte comme un encens vers un chapeau de feutre accroché au mur : c'est le chapeau de Tabarin. Au dehors, devant le tréteau, des bancs et des chaises sont disposés pour les élégants de la cour. Car ni les précieux ni les précieuses ne se font faute d'assister parfois aux parades du grand Tabarin, que Molière, selon Boileau, n'a pas dédaigné d'allier à Térence; et, dès le matin, les fenêtres sont chèrement louées. — Les machinistes sont priés d'imiter, par tous les moyens dont ils disposent, la fraîcheur lumineuse d'une jeune journée de printemps.

SCÈNE PREMIÈRE

FRANCISQUINE, puis LE GARDE

Francisquine, en chantant. balaye le tréteau extérieur.

FRANCISQUINE

Ma fille, veux-tu un bouquet?
Ma fille, veux-tu un bouquet?
De marjolaine ou de muguet?
De marjolaine ou de muguet?

Elle soulève le rideau, entre dans la baraque, commence à repasser, sur une petite table, les hardes de Tabarin.

Non! non!
Non, ma mère, non!
Ce n'est point là ma maladie.
Gai! gai!
Quelle mère j'ai,
Qui n'entend pas le bonheur de sa fille.
Gai! gai!
Quelle mère j'ai!
Qui n'entend pas le bobo que j'ai.

Merci de ma vie! C'est une chose misérable d'être mariée à des ivrognes et à des gens qui n'ont

d'autre soin que de la cuisine. Il y a quelque temps
que je suis jointe par le mariage à Tabarin, il est
toujours au cabaret. Et les amants, que je crois,
ne sont pas moins sots que les maris. Pour moi,
j'ai un ami par amour, qui est le plus beau du
monde ; et il ne songe point à user du temps où
je suis seule au logis pour me venir prouver ses
flammes. Vénus m'est témoin, pourtant, que jamais
autant qu'aujourd'hui je ne fus en état d'en endurer
l'ardeur ! Allons, voilà la marmite qui se renverse
— à cause que le feu dessous elle est trop vif.
Ah ! qu'elle a sujet d'avoir de la satisfaction !

Elle va vers le fourneau, redresse la marmite.

Ma fille, veux-tu un ami ?
Ma fille, veux-tu un ami ?
Qui soit bien fait, qui soit joli ?
Qui soit bien fait, qui soit joli ?

Elle prend les hardes de Tabarin, monte sur une chaise, les suspend
au mur.

Oui ! oui !
Oui ! ma mère, oui !
Car c'est bien là ma maladie.
Gai ! gai !
Quelle mère j'ai !
Elle entend bien le bonheur de sa fille.
Gai ! gai !
Quelle mère j'ai !
Elle entend bien le bobo que j'ai.

Le Garde, depuis un instant, est entré par la petite porte, s'est appro-
ché à pas sourds ; il prend par la taille Francisquine debout sur la chaise.
Francisquine, sans le reconnaître, se retourne et lui donne un soufflet.

LE GARDE

Par la mort-diable ! C'est une catapulte !

FRANCISQUINE

Quoi ! C'était toi ! Mon petit œil ! Mon trésor !
(Il l'écarte, fâché ; elle pleurniche, les mains à la joue.) Aïe ! Aïe !
comme je souffre à la place où je te fis mal ! —
Sur ma foi, je pensais que ce fût mon mari.

LE GARDE

Vous le frappez trop fort.

FRANCISQUINE

Je le frappe... comme je t'aime !
Elle lui saute au cou et le baise sur la joue.

LE GARDE

Du baume sur la blessure.

FRANCISQUINE

Car je t'aime, étoile de mes yeux, pôle de mon
cœur ! Tu es si beau, que j'en reste étonnée. Dès
que tu approches, je flambe aux rubis de ton nez,
et je suspends une moitié de mon cœur à chacune
des pointes de tes moustaches !

LE GARDE

Vous êtes femme de goût!

FRANCISQUINE, en apportant une chaise.

Sieds-toi (Elle se met sur les genoux du garde), que je m'as-
soie. O roi de mes désirs! Empereur de mes pensées! lorsque je suis ainsi près de vous, et que je
m'égratigne aux passementeries de votre habit, et
que je frotte ma joue aux poils rudes de votre
barbe rase, je ronronne comme une chatte qui se
roule dans de la plume! rou-ou! rou-ou! rou-ou!

LE GARDE

Pour moi, je ne ronronne point, occupé que je
suis à boire de la crème!

Il lui baise les bras; mais Francisquine prête l'oreille à un bruit
lointain.

FRANCISQUINE

Chut! c'est mon ivrogne qui revient du cabaret.
J'entends les violons dont il se fait escorter par la
ville.

LE GARDE

Que le Maulubec le trousse!

FRANCISQUINE

Partez, de grâce! car il est mauvais comme un cent de puces, et il nous en cuirait s'il nous trouvait ensemble.

LE GARDE

Eh! quoi! ne vous reverrai-je point?

FRANCISQUINE

Oh! que si. Tenez-vous dans les environs; tout à l'heure, avant la parade où je joue, tandis qu'il questionnera le seigneur Mondor, et qu'il débitera les drogues, je vous ferai signe, psstt! psstt! et vous aurez tout le loisir de m'exprimer — par vos paroles — une passion à laquelle je ne suis, hélas! que trop encline à m'intéresser.

LE GARDE

Mais...

FRANCISQUINE

Le voici qui s'approche! A bientôt, mon vainqueur, mon géant, mon héros, mon Dieu — mon homme! (Elle le pousse, il sort par la petite porte.) Et maintenant, à nous deux, mon mari! Par ma vertu, je m'en vais vous faire voir combien il est malséant de troubler sa femme dans un entretien dont le

commencement promettait un achèvement si doux.
Est-ce la conduite, je vous prie, d'un honnête cocu,
de rentrer au logis, avant de l'être ? — Où est mon
bâton ?

Elle cherche son bâton dans la baraque et le trouve, tandis que Tabarin
entre sur la place, suivi de deux Suisses, joueurs de violon, qui raclent une
chanson à boire. Tous trois sont abominablement gris.

SCÈNE II

TABARIN, FRANCISQUINE, LES SUISSES

TABARIN

Comme j'étais au banquet
    Bon birolet
Et qu'on dansait à ma noce,
La mère au cousin Jacquet
    Bon birolet
Me dit : Votre femme est...

FRANCISQUINE, apparaissant sur le tréteau.

Grosse... bête ! Sac à vin ! Pendard ! Brute
immonde ! D'où viens-tu ?

TABARIN

Eh ! ne te fâche point !

Elle est descendue, le poursuit, le pince, le mord, tandis qu'il fuit. Ils
font le tour de la scène ; les deux violons soûls se refugient en arrière du
tréteau, tombent sur deux hautes chaises ; ils continuent de jouer.

FRANCISQUINE

Tu n'as point honte !...

TABARIN

Oh ! oh !

FRANCISQUINE

D'aller boire !...

TABARIN

Hi ! hi !

FRANCISQUINE

Et de te mettre en cet état ?...

TABARIN

Aïe ! aïe !

FRANCISQUINE

Sans te soucier de ta femme ?...

TABARIN

Ahi !

FRANCISQUINE

Qui reste exposée aux entreprises des galants ?
Zeste, non pas de ma vie, tu méfiterais... (Elle lève le
bâton sur lui. Les violons ont cessé de jouer.)

TABARIN, tombant sur les deux genoux.

Holà ! Hé ! Hi ! Oh ! ma petite femme ! Oui, c'est
vrai, c'est au cabaret que je suis allé, en compagnie
du bon monsieur Piphagne, qui m'avait dit :
« Tabarin, me charo, mi te voglio pregar d'una
difficultaë. » Et même le seigneur Mondor est resté
sous la table. Mais je n'ai bu qu'en ton honneur, ma
petite Francisquine, ma petite Francis, mon joli
petit quine gagné à la loterie de la destinée. Ne me
mords point, ne me pince point, car tu sais bien
quanto io t'amo !

FRANCISQUINE

Bon ! Tu me contes des fagots pour des cotterets.
Va, va, double jennin, de par le diable ! Viens-t'en
quérir du vin ; cependant je me disposerai à manger
mon potage.
Elle remonte vers le tréteau, mais Tabarin la rejoint, lui prend la main ;
elle s'assied sur les marches extérieures.

TABARIN

Point, mignonne de miel ! (Il se couche devant Francisquine.) Je prends des torticolis sous les petits pieds

mal chaussés, comme ce grand cornard d'Herculès
aux pieds de la princesse qui avait une tête de lion
empaillée pour cornette de nuit, et je becquète tes
ongles fripons, ne plus ne moins que les moineaux
becquetaient les raisins de Zeuzis, peintre d'Hé-
raclée.

FRANCISQUINE, assise sur les marches et tournant le dos.

Tu as appris tous ces beaux discours dans la compagnie du seigneur Mondor, et pour moi, je n'y
entends goutte.

TABARIN, un peu dégrisé, se levant.

Tu veux que je te parle autrement ? Écoute-moi,
chérie. Le bouffon, l'ivrogne n'est plus, regarde
l'homme, et sois bonne pour lui. Je t'aime ardem-
ment, j'ai cette folie. Je t'ai rencontrée un jour, la
tête près du trottoir, avec tes grands cheveux roux
défaits ; il m'a semblé que le soleil était tombé dans
le ruisseau. Je t'aime. Tu fais de moi ce que tu veux.
Comme je suis célèbre, il y a des femmes, peut-être,
et des plus riches, qui auraient bien voulu de moi.
Mais je t'aime. (Se rapprochant.) Tes grands yeux ronds,
ton nez qui se retrousse et qui a l'air d'un oiseau
posé sur ton visage, la queue en l'air, ta bouche qui
s'ouvre toute grande et qui, lorsqu'elle m'est bonne,
baise mes lèvres comme on avale une cuillerée de
soupe, tout cela, et, tiens, tes bras nus, trop gras,

me charme. Je suis un paysan, au fond. Ma souquenille, vois-tu, c'est une blouse. La parade, le fard,
le chapeau qui me fut légué par Saturne, c'est pour
les autres que ma bêtise fait rire ; pour toi, je suis
un niais, sans le faire exprès. Ote ma perruque,
caresse mes cheveux. (Francisquine hausse l'épaule et va s'asseoir
sur un des bancs à gauche. Il la suivra de banc en banc.) Veux-tu des
pendants d'oreilles en or? Je t'en donnerai, et un
collier de perles aussi. Quand nous aurons gagné
beaucoup d'argent, nous partirons. J'achèterai une
terre, comme un honnête homme. Nous aurons des
voisins qui seront jaloux. Je n'aurai plus d'or aux
galons de mon haut-de-chausses, mais tu en auras
dans ta poche. Parce que je t'aime. Laisse-moi te
baiser le cou. Tu n'as pas reprisé ta chemise, là,
devant ; tu as bien fait, c'est plus joli. Mais toi, tu
ne m'aimes pas. (Il se lève.) Sais-tu bien que souvent,
lorsque nous jouons la farce où Tabarin, qui revient
de la campagne, trouve un galant auprès de sa
femme, sais-tu bien que souvent je crois que ce
malheur pourrait m'arriver un jour, en effet ? Il y a
un garde de Mᵍʳ le cardinal qui rôde quelquefois par
ici. Il me semble que je l'ai vu l'autre soir entrer
par la petite porte. Ah ! prends garde. (Francisquine, à ce
mot prononcé d'une voix terrible, s'est effrayée ; il se radoucit.) Mais
non, j'avais bu, j'avais été au cabaret, avec Piphagne.
Tu as un bon cœur. Tu ne voudrais pas me rendre
malheureux. Ta chemise comme cela, c'est très joli.
Tu as engraissé, chérie !

FRANCISQUINE

Dis que je suis une nourrice, tout de suite ! (Elle voit des gens qui s'approchent ; elle se lève et va vers la baraque.) Allons, viens manger ta soupe.

TABARIN

Oui, si tu veux. (Elle entre ; il la suit.)

SCÈNE III

LES PRÉCIEUX ET LES PRÉCIEUSES, LA FOULE, sur la place ; TABARIN, FRANCISQUINE, dans la baraque.

TÉLAMIRE, se retournant et repoussant du talon sa jupe.

Mais voyez donc quelle équipée ! Et n'est-ce point un grand fou que ce Polyandre qui nous conduit parmi les petites gens pour entendre les questions d'il signor Tabarini ?

LA PRINCESSE PHILOXÈNE

Il est tout à fait certain que si je n'avais sur le visage ce touret qui me dérobe aux curiosités du populaire, je ne manquerais pas de rougir étrangement.

THÉODOMAS

De sorte que le jardin de votre visage se fleurirait,
Philoxène, de quelques roses de plus !

POLYANDRE

Vous moquez-vous, mesdames? Les plus honnêtes
gens ne dédaignent point de s'encanailler quelquefois, et les déesses peuvent avoir le caprice de descendre sur la terre.

Dans la baraque, Francisquine a mis la table. Le mari et la femme sont
assis. Il veut l'embrasser. Il mange la soupe tout près de la bouche de
Francisquine.

TABARIN

Oh ! la bonne soupe ! la bonne soupe ! c'est comme
du sucre brûlé.

AMALTHÉE

Eh ! ne voyez-vous pas ce petit homme qui porte
un singe sur son dos? Ne vous paraît-il pas que le
singe ressemble à monseigneur le cardinal ?

THÉODOMAS

De tout point. Mais, si nous ne nous hâtons de
prendre place, les badauds auront bientôt envahi les
bancs et chaises que voilà.

TÉLAMIRE, assise.

Est-il vrai que parfois le seigneur Tabarin offense l'honnèteté dans ses propos burlesques, et que nous puissions avoir lieu de nous plaindre de la témérité de ses folâtreries?

LA PRINCESSE PHILOXÈNE

Il ne serait que prudent peut-être de le faire prévenir qu'il aura à faire à des personnes de qualité, afin qu'il ne dépasse point, devant nous, les bornes de la bienséance. Pour moi, il est des syllabes dont je ne saurais endurer l'incongruité.

Tabarin, dans l'intérieur, a achevé son repas. Sa femme l'aide à s'habiller; il l'embrasse ; il se dispose à paraître devant le public.

ARTABAN

Par mon épée! il ferait beau voir que ce vilain s'émancipât outre mesure, et se hasardât, moi présent, à user de discours grossiers et propres à étonner, mesdames, la pudicité de vos oreilles. Mais voici que le rideau s'agite, et il signor Tabarini lui-même va se montrer à vos yeux, coiffé de son illustre chapeau.

Les précieux et les précieuses sont assis. Un grand concours de populaire, bourgeois, filles, tire-laine, parmi lesquels des gardes et des mousquetaires, occupe tous les coins de la place. Des cris se font entendre : « Tabarin! Tabarin! »

TABARIN, *derrière le rideau.*

Oh ! oh ! voilà, ce me semble, des personnes que je n'ai point coutume de voir, et de qui les poches ne sont point vides, à en juger par la richesse de leurs habits ; je vendrai aujourd'hui plus de drogues que je n'en vends d'ordinaire en deux ans. (Il paraît sur le tréteau extérieur.) Nobles dames, nobles seigneurs, coquettes et cornards ! Et vous, assemblée inclyte d'imbéciles, de niais et de filous, ducs de la Samaritaine, courtisans du roi de Bronze ! ce n'est point par les métamorphoses de mon incomparable chapeau, par des questions saugrenues et telles autres facéties, que je chatouillerai les hippocondrilles de vos illustres entendements ! *Paulo majora canamus*, comme dit mon maître Mondor. C'est une tragi-comédie que je jouerai devant vous. Holà ! seigneurs musiciens, éveillez vos violons, je vous prie.

Les deux Suisses, en sursaut, se mettent à jouer, pendant que Francisquine, après avoir écouté près du rideau, ouvre la petite porte.

FRANCISQUINE

Psstt ! Psstt !

TABARIN

La protase de la fable est que je suis féru d'amour, et ce, pour ma femme Francisquine. O vive l'amour ! Vive le phénix des amants ! Le petit Cupidon est entré si avant dans ma poitrine que je ne puis vivre sans

donner quelques légements à mes flammes ; et le
feu me transporte de telle façon que je ne sais plus
que cracher poésie.

> Francisquine ! La fleur de toutes les plus belles,
> Qui porte dans ses yeux mille brillants flambeaux,
> Qui surpasse en blancheur les blanches colombelles,
> Et surmonte en douceur la douceur des agneaux !
> Mon cœur, mon petit tout, ma petite nymphète,
> Mon petit passereau, mon petit agnelet,
> Mon appui, mon support, ma divine et parfaite,
> Ma petite linotte et mon petit poulet !

Mais Francisquine est une petite friquette, et il
se pourrait bien qu'elle m'en eût donné pendant
que j'étais aux champs. Ah ! cavaliérès, mousque-
tadérès ! bombardas ! canonès ! morions et corse-
letès ! Si quelque veillaco s'était avisé de lui déranger
la jupe, me donne au diable si je ne lui relance le
limosin comme il faut ! (Le Garde est entré par la petite porte
dans l'intérieur de la baraque, Francisquine lui a sauté au cou. Il s'est
assis. Elle lui donne à boire ; il la prend sur ses genoux ; il joue avec la
chemise que la femme de Tabarin a oublié de raccommoder.) Viens çà,
Francisquine, viens çà ! Serait-ce que tu es morte,
ma petite poularde, que tu ne réponds pas à ton
petit mari ? M'est avis qu'elle est peut-être dans la
chambre d'à côté, et avec votre permission, nobles
seigneurs, je soulèverai ce rideau, afin qu'elle m'en-
tende plus aisément. (Tabarin, continuant la parade, soulève en
effet le rideau et tout à coup pousse un grand cri, car le pauvre homme
vient de voir sa femme assise, et riant, sur les genoux du Garde. Tabarin
laisse retomber la tenture et demeure sur le tréteau, immobile et blême.)
Miséricorde ! Ce n'est plus un jeu ! Francisquine ! Je

l'ai vue! Là, chez moi, sur la chaise... et cet homme
qui l'embrassait... Ah! mes bonnes dames! mes
bons messieurs! Il n'y a plus de farce, il n'y a plus
de Tabarin! Je suis un pauvre homme... Je l'aimais
tant... Ah! ma femme! Ah! la gueuse! Ah! mon
Dieu, ma Francisquine!

Tabarin se laisse tomber sur le tréteau, et pleure à chaudes larmes, pendant que Francisquine, par la porte, s'enfuit avec son amant; car elle a entendu le cri de son mari.

TÉLAMIRE

A vrai dire, les facéties de ce bouffon ne sont
point aussi grossières qu'il était permis de le
redouter; il a eu, surtout dans la dernière partie de
son monologue, des sanglots qui ne laisseraient
point que de faire honneur au plus industrieux
comédien de l'hôtel de Bourgogne.

TABARIN

Mais cette femme pour moi, c'était tout! Savez-
vous pour qui je vendais des drogues? pour qui je
recevais des coups de pied au derrière? C'était pour
elle, pour elle seule. Pour qu'elle fût une femme
heureuse, j'avais presque cessé d'être un homme :
et, tout à l'heure encore, je le lui disais. Ah! la
gaupe! Maintenant, pendant que je suis là, histrion
imbécile, elle embrasse cet homme, et s'en fait
embrasser. Oh! je les tuerai tous les deux, je les
tuerai. A vous, quand on vous prend votre femme,

il vous reste tant de choses! A moi, sans elle, que
me reste-t-il? Rien. Ah! le paysan, la brute si l'on
veut, sort du baladin! Je veux les tuer, vous dis-je,
et après je leur mangerai le corps.

LA PRINCESSE PHILOXÈNE

Bien que cette douleur s'exprime en termes un
peu grossiers, on ne saurait dissimuler qu'elle a
quelque chose d'émouvant, et qu'elle serait de nature
à plaire aux plus gens de goût si elle était traduite
en strophes tragiques ornées de pointes concor-
dantes.

TABARIN, les yeux hors de la tête, effrayant.

Mais une épée, une arme quelconque, est-ce que
j'en ai? On n'assassine pas avec une batte d'ar-
lequin. Il faut que je tue, pourtant! Si j'avais un
pistolet, il serait de paille comme dans la chanson.
Miséricorde du ciel! Est-ce qu'il faudra que je les
tue avec les ongles et les dents?

ARTABAN

Il y a vraiment quelque chose de superbe dans
son air.

TABARIN

Vous qui parlez, oui, vous, là-bas, donnez-moi
votre épée. Mordieu! donnez-la-moi ou je m'en vas
la prendre.

TÉLAMIRE

Vous ne nous aviez point prévenus, Polyandre, qu'il nous serait donné un rôle dans la parade. Mais, puisqu'il le faut, allons, Artaban, prêtez à ce farceur votre glaive invaincu.

Artaban se lève, tire son épée et la remet à Tabarin.

TABARIN

Ah ! vous, monsieur, merci !

Il se précipite dans la baraque.

TÉLAMIRE

Sa comédie, à ne vous rien céler, commence à me divertir singulièrement.

ARTABAN

Je gage que le drôle, après quelques leçons, figurerait à merveille un héros de tragédie.

Tabarin a bondi dans l'intérieur de la baraque; il se rue sur sa femme, qui veut fuir; il lui enfonce l'épée dans la gorge. Un grand cri de Francisquine.

TÉLAMIRE

Il feint, je pense, de la tuer?

THÉODOMAS

Je ne serais point éloigné d'imaginer que, surexcité par la présence d'un public nouveau pour lui, il a voulu s'en rendre digne par des efforts inaccoutumés et se hausser de l'état de bouffon à celui de véritable acteur.

LA PRINCESSE PHILOXÈNE

Il y a quelque apparence de vrai dans le soupçon qui vous est **venu**. Mais prêtons l'oreille, s'il vous plaît, à la parade, car voici que le seigneur Tabarin...

Tabarin retire l'épée sanglante, remonte épouvanté, à reculons, l'escalier qui conduit au tréteau et reparaît devant le public, levant au ciel l'épée d'où tombent des gouttes de sang; si pâle, si terrifié et si terrifiant qu'un cri d'admiration s'échappe à la fois de toutes les bouches, et que, précieux et précieuses, bourgeois, clercs, filles et tire-laine, toute la foule, éclatent en un tonnerre d'applaudissements. Puis Tabarin laisse choir ses bras et tombe à genoux, hébété, pendant qu'on applaudit de plus en plus.

TABARIN, *avec des bégaiements.*

Ah! misérable! tu l'as tuée! Francisquine! Ta petite Francis! Ton petit quine! Ah! misérable! *(Il regarde l'épée et la prend à deux mains.)* Ah! lame de malheur! *(Il brise l'épée contre son ventre.)*

ARTABAN

Par Hercule! je crois que le manant ose attenter...

TÉLAMIRE

N'ayez point d'inquiétude au sujet de votre épée, monsieur. Les bateleurs ont coutume de changer les

objets qu'on leur confie, lorsqu'ils seraient dans la
nécessité de les gâter de quelque façon que ce soit.

LA PRINCESSE PHILOXÈNE

Celui-ci, d'ailleurs, n'a point dû, voyant votre
air, faillir à devenir le héros que vous êtes, et il
n'aurait garde de manquer de respect au glaive que
tant de fameux exploits ont rendu vénérable à tout
l'univers.

TÉLAMIRE

Mais quoi! la comédie est-elle interrompue?

POLYANDRE

Non point. Voyez.

Dans l'intérieur de la baraque, Francisquine n'est point morte. Saignante,
une main sur sa plaie, elle se traîne vers le petit escalier, le monte péni-
blement, se trouve enfin sur le tréteau, devant toute la foule; elle est
pareille à un animal blessé, haineuse et hagarde. Tabarin, abîmé dans l'horreur, ne l'a ni vue ni entendue venir. Elle s'imbibe la main de sang dans sa
blessure, et brusquement elle en barbouille les lèvres de son mari. La
foule respire à peine. L'admiration est telle que l'on oublie d'applaudir.

TABARIN

Ah! toi! toi! toi! Oui, ton sang, je veux le boire!
Donne encore! Je l'aime! Je suis affreux, je t'ai fait
du mal. Ne meurs pas! Pardon! Tu comprends,
je t'avais vue avec l'autre. Mais ce n'était rien, j'ai
eu bien tort. Ne va pas mourir! Ah! ma petite
colombe, baise-moi. Ne t'en va point! Dire que tu

souffres et que j'en suis la cause! Ce n'est pas grave, peut-être, je n'ai pas osé appuyer. Un médecin! Allez chercher un médecin! Allez chercher un médecin! Mais, tas de misérables! vous ne voyez donc pas que c'est vrai et qu'elle meurt? Tu me regardes avec des yeux terribles. Veux-tu que j'aille appeler le Garde, dis? Pourvu que tu ne sois pas fâchée, qu'importe à qui tu souries? Veux-tu me tuer, toi aussi? Il reste encore des morceaux de l'épée; tiens, prends! Mais tiens, petite chatte, tiens, vois, c'est très pointu, prends donc. Ah! chérie!

TÉLAMIRE

Voilà une fort agréable comédienne.

POLYANDRE

Et ne dirait-on pas que le sang est du sang véritable!

Francisquine claquant des dents et râlant a saisi le tronçon d'épée que lui tendait Tabarin; elle rampe, les yeux hors de la tête, hideusement pâle, vers son mari toujours agenouillé qui déchire sa souquenille et offre sa poitrine nue. Mais, au moment où la main va frapper, la face se contracte dans une convulsion suprême, et Francisquine retombe à la renverse, la tête sur les genoux de l'homme. Elle le mord à la cuisse, puis tout son corps se tend.

FRANCISQUINE

Canaille!

Elle a rendu l'âme; des bravos, des cris, des trépignements retentissent de toutes parts. Les gens de cour eux-mêmes sont debout; toute la gloire tumultueuse qu'un comédien peut envier environne le misérable histrion.

ARTABAN

Ah! par les dieux immortels! on ne saurait rien voir de plus parfaitement joué. Daignez agréer, chère Télamire, que j'offre votre bouquet de roses moins fraîches, je le confesse, que celles de votre teint, à cette admirable comédienne.

Artaban s'approche, le bouquet à la main; mais, de près, il voit le sang qui coule en effet; il comprend tout, recule plein d'une brusque horreur, et son effroi en un instant se communique à toute la foule.

TABARIN, debout, avec une voix de tonnerre.

Les exempts! les exempts! J'ai tué ma femme! Qu'on me pende!

Les violons, à ce cri, se réveillent et se mettent à racler un air de chanson à boire.

LE RIDEAU BAISSE.

TABLE DES MATIÈRES

6891. — L.-Imprimeries réunies, rue Saint-Benoît, 7, Paris.

ŒUVRES DE CATULLE MENDÈS

POÉSIE

Poésies complètes.	3 vol.
La Grive des Vignes	1 vol.

ROMANS

Zo'har	1 vol.
La première Maîtresse	1 vol.
Grande-Maguet.	1 vol.
La Femme-Enfant	1 vol.
La Maison de la Vieille	1 vol.
Rue des Filles-Dieu, 56	1 vol.
Gog	2 vol.
Le Chercheur de Tares	1 vol.

NOUVELLES

Lesbia	1 vol.
Le Confessionnal.	1 vol.
La Messe-rose	1 vol.
Arc-en-Ciel et Sourcil-Rouge.	1 vol.

ÉTUDES

Richard Wagner.	1 vol.

CRITIQUE

L'Art au Théâtre (1895, 1896).	2 vol.

THÉATRE

Médée	1 vol.

6891. — L.-Imprimeries réunies, rue Saint-Benoît, 7, Paris.